Rav Michael Laitman
Otkrivena kabala

I0386494

Rav Michael Laitman
Otkrivena kabala

za izdavača:
Boško Zatezalo

urednik knjige:
Bruno Šimleša

lektura i korektura:
Anka Munić

grafička priprema:
V.B.Z. studio, Zagreb

tisak:
Naziv tiskare, grad, godina

Rav Michael Laitman
Otkrivena kabala

Vodič za mirniji život

s engleskoga preveli:
Diana Janković
Dejan Tomašević
Kristijan Žaper

naslov izvornika:
**Rav Michael Laitman
KABBALAH REVEALED**

All rights reserved.

copyright © 2009. za hrvatsko izdanje:

sadržaj:

7	**Uvod**
13	**01. Kabala: nekad i sad**
29	**02. Najuzvišenija želja**
41	**03. Porijeklo stvorenoga**
59	**04. Naš svemir**
73	**05. Čija je stvarnost stvarna?**
93	**06. (Uzak) put do slobode**
121	**O Bnei Baruch**
123	**O autoru**

Uvod

Radujem se i čast mi je odgovoriti na poziv da napišem uvod za knjigu dr. Laitmana *Otkrivena kabala: vodič za mirniji život*.

Autor mi nije samo drag osobni prijatelj nego, po meni, i najveći živući kabalist, istinski predstavnik mudrosti koja je bila skrivena više od dva tisućljeća. Sada, kada mudrost kabale počinje sjati najjačim sjajem u odnosu na druge drevne sustave, ne smatram da je bilo koja druga osoba pozvanija poučavati o biti kabale.

U današnjem svijetu pojava kabale kao izvornih uputa za življenje od jedinstvenog je značaja.

Može nam pomoći povratiti svjesnost o mudrosti koju su posjedovali naši preci, a koju smo mi zaboravili.

Drevne se mudrosti danas pojavljuju baš zbog toga što naša uobičajena, mehanicistička škola mišljenja nije uspjela donijeti dobrobit i održivost koju je obećala. Kineske mudrosti upozoravaju: »Ako ne promijenimo pravac, vjerojatno ćemo završiti upravo tamo kamo smo krenuli.« Kada se primijeni na suvremeno čovječanstvo, ovo se može pokazati katastrofalnim:

- Klimatske promjene prijete pretvaranjem velikih dijelova našega planeta u beživotna tla na kojima se neće moći živjeti i proizvoditi hranu.
- K tomu, većina je svjetskih ekonomija prestala biti samodostatna. To je uvelike povezano s činjenicom da se pričuve hrane u svijetu ubrzano smanjuju. Pitke vode više nema dovoljno ni za polovicu svjetske populacije. Više od 6000

djece dnevno umire od dijareje uzrokovane zagađenom vodom.

• U mnogim krajevima svijeta nasilje i terorizam postali su omiljena sredstva razrješavanja sukoba. Zbog svega toga raste nesigurnost i u bogatim i u siromašnim zemljama. Islamski fundamentalizam širi se muslimanskim svijetom, neonacisti i slični ekstremistički pokreti Europom, a religiozni fanatizam pojavljuje se diljem svijeta.

Sam opstanak na ovom planetu došao je u pitanje.

Međutim, globalni slom nije nužan. Možemo okrenuti struju, a scenarij koji slijedi također je sasvim moguć...

Kako će dio ove knjige kasnije pokazati, možemo se udružiti u zajedničkim ciljevima – miru i održivosti. Vođe poslovnoga svijeta mogu prepoznati uzbudljive promjene i omogućiti potrebna dobra i usluge.

Masovni mediji mogu istražiti najsvježije perspektive i iznjedriti socijalne i kulturne inovacije, zahvaljujući čemu će se pojaviti nova vizija nas samih i prirode na internetu, televiziji te komunikacijskim mrežama poduzeća i društava.

U civilnom društvu alternativna kultura življenja i vrednovanja odgovornosti dat će potporu pravilima socijalne i ekološke održivosti. Poduzet će se svi koraci zaštite okoliša, izrade učinkovitog sustava distribucije hrane i prirodnih bogatstava te razvijanja i korištenja održive tehnologije za energiju, transport i poljodjelstvo.

U toj pozitivnoj varijanti sredstva će biti preusmjerena iz vojnih i obrambenih budžeta kako bi služila potrebama ljudi. Potpomognuti takvim razvojem, nacionalna, međunarodna i kulturna nepovjerljivost; etnički i rasni sukobi; ugnjetavanje; ekonomske razlike i spolna diskriminacija bit će zamijenjeni našim međusobnim povjerenjem i poštivanjem. Ljudi i društva spremno će surađivati i stvarati plodonosna partnerstva.

Tako će se, umjesto da zaglibi u sukobima i ratu, čovječanstvo izdignuti – ne samo do održivoga svijeta samopouzdanih i kooperativnih zajednica, nego do radosne budućnosti mira, uravnoteženosti i potpunog samoispunjenja.

Sve nas može čekati miran i održiv svijet, ali trenutno nismo okrenuti u tom smjeru. Einstein je rekao: »Značajni problemi koje susrećemo ne mogu biti riješeni na jednakoj razini razmišljanja na kojoj smo ih i stvorili.« Ipak, pokušavamo baš to. Protiv terorizma, siromaštva, kriminala, uništavanja okoliša, zaraza i drugih »bolesti civilizacija« pokušavamo se boriti jednakim metodama koje su i stvorile te probleme. Pokušavamo s tehnološkim popravcima i privremenim mjerama. Pa ipak, još nismo izgradili ni volju ni viziju o tome kako stvoriti trajnu i korjenitu promjenu.

Planetarna svijest

Zbog globalne krize čovječanstvo je počelo tražiti nove obrasce razmišljanja. Takvi su obrasci stare, ali izuzetno važne drevne mudrosti. U tim mudrostima, planetarna svijest nije tek »pomoćna napomena«, nego njihova sama bit. Kada proučavamo te obrasce, spoznajemo da je nova planetarna svijest ustvari stara, trajna svijest; jedino što je sada iznova otkrivena.

Doista, krajnje je vrijeme ponovnog otkrivanja planetarne svijesti. Prije smo mislili da je tipična, »normalna« ljudska svijest ono što primimo sa svojih pet osjetila. Sve ostalo smatrali smo proizvodom mašte. Uobičajena je percepcija bila da završavamo tamo gdje završava naša koža. Ima i drugih stavova, koji se bave »novim dobom«, »mistikom« ili »ezoterijom«. Ideje o tome da nekako pripadamo zajedništvu s drugima, da postoji kontekst u kojem smo dijelovi neke veće cjeline, smatrane su izuzetkom u povijesti civilizacije.

No, ako pogledamo povijest ideja, naći ćemo da je istina prilično suprotna. Ograničavajuće, mehanicističko i fragmentirano mišljenje koje je evoluiralo u zapadnom svijetu posljednjih 300 godina nije pravilo nego izuzetak. Druge kulture ne dijele taj pogled na svijet. Čak ni Zapad nije prihvatio ovakav pogled na svijet prije početka mehanicističkog pogleda na svijet koji je počeo kao primjena (ili radije: pogrešna primjena) Newtonove filozofije prirode.

U drugim kulturama, kao i prije na Zapadu, prevladavala je svijest pripadnosti, jedinstva. Većina tradicionalnih kultura ne slaže se s tim da ljudi nemaju ništa zajedničko izuzev prolaznih interesa koji se ponekad slučajno isprepletu.

Klasični korijeni svih tradicija pojmovi su »planetarne svijesti«. Taj pojam definira svjesnost naše sudbine koju dijelimo kao ljudska bića, kao građani ovog planeta. Ako želimo preživjeti, osigurati da naša djeca i unuci imaju sigurnu i održivu budućnost; moramo njegovati planetarnu svijest.

Da bismo krenuli naprijed, moramo njegovati način razmišljanja koji nam omogućava oblikovanje ujedinjene ljudske obitelji, planetarne civilizacije. No takva civilizacija ne bi trebala biti monolitska kultura gdje svi slijede iste ideje i gdje jedna osoba ili nacija diktira te ideje svima drugima. To bi trebala biti civilizacija različitosti, čiji se elementi zajedno spajaju u cilju održavanja i razvoja čitavoga sustava, planetarne civilizacije ljudske vrste.

Ta različitost element je harmonije, element mira. Posjedovalo ju je svako društvo koje je uspjelo preživjeti. Samo su zapadna i pozapadnjena društva to zaboravila. U procesu stvaranja tehnološkog i ekonomskog napretka, fragmentirali su cjelovitost sustava. Krajnje je vrijeme da ga obnovimo.

Kako sam naučio kroz upoznavanje s napisima dr. Laitmana, kabala u svojem izvornom obliku ne samo da promovira pojmove jedinstva i integriteta čovječanstva i svemira nego također nudi praktične mjere kako ih povratiti nakon što smo ih izgubili.

Od srca preporučujem da pažljivo pročitate ovu knjigu jer sadrži mnogo više od općega znanja o drevnoj mudrosti. Daje nam i ključ osiguranja blagostanja u ovim kritičnim vremenima, kada smo suočeni s do sada neviđenim izazovom – izborom između devolutivnog puta, koji vodi svijet u propast, i evolutivnog, koji nam može donijeti svijet mira, sklada, blagostanja i održivosti.

Ervin Laszlo

01. Kabala: nekad i sad

Veliki plan

Danas je u Hollywoodu prilično unosan trend »potrage za duhovnošću«, pa se može steći dojam da je i kabala nastala u toj juhi instant-duhovnosti i novih kvazireligija. Taj je dojam, međutim, više nego pogrešan. Kabala je ovdje tisućama godina. Kada se prvi put pojavila, ljudi su bili mnogo bliži Prirodi nego danas. Osjećali su intimnu povezanost i njegovali odnos s njom.

U ta vremena ljudi nisu imali razloga odvajati se od Prirode. Nisu bili toliko okrenuti samima sebi i otuđeni od svojeg prirodnog okoliša koliko smo mi danas. Jednako tako, čovječanstvo Prirodu nije poznavalo dovoljno da bi se osjećalo sigurno. Umjesto toga, ljudi su se bojali prirodnih sila, što ih je nagnalo da Prirodu doživljavaju kao nadmoćnu silu.

S jedne strane bivajući intimni s Prirodom, a s druge bojeći je se, ljudi su težili učiti ne samo o svijetu koji ih okružuje nego, još važnije, odrediti što ili tko njime upravlja.

Tih ranih dana, nisu se mogli skriti od prirodnih elemenata; nisu mogli izbjeći teškoće kako to danas možemo u ovome svijetu »po mjeri čovjeka«. Još važnije, strah od Prirode, zajedno s bliskošću s njome, potaknuo je mnoge da traže i otkrivaju plan koji Priroda ima za njih same, a posljedično tomu i za sve nas.

Ti pioniri istraživanja željeli su znati ima li Priroda uopće neki smisleni cilj, a ako ima, što bi u tom Velikom planu mogla biti uloga čovječanstva. Osobe koje su primile najvišu razinu znanja o tome Velikome planu znani su kao kabalisti.

Jedinstven među tim pionirima bio je Abraham. Kada je otkrio Veliki plan, nije ga samo podrobno istražio, nego je, što je i mnogo važnije, taj nauk prenio drugima. Shvatio je da je potpuno shvaćanje plana Prirode jedina učinkovita zaštita od patnje i straha. Kada je to shvatio, nije štedio truda naučiti svakoga tko je želio učiti. Zbog toga je Abraham postao prvi kabalist u dinastiji učitelja kabale. Najdostojniji studenti postali su sljedeća generacija učitelja, a oni su potom prenijeli svoja znanja sljedećoj generaciji studenata.

»Dizajnera« Velikoga plana kabalisti nazivaju Stvoritelj ili Kreator, a sam Plan Misao stvaranja. Drugim riječima, a ovo je važno: kada kabalisti govore o Prirodi ili prirodnim zakonima, govore o Stvoritelju. I obrnuto, kada govore o Stvoritelju, govore o Prirodi ili prirodnim zakonima. Ti pojmovi znače isto.

Pojam kabalist dolazi iz hebrejske riječi kabala, što znači primanje. Izvorni je jezik kabale hebrejski, posebno razvijen jezik od strane kabalista, da im pomogne međusobno komunicirati o duhovnome. Mnoge kabalističke knjige pisane su i na drugim jezicima, ali osnovni su pojmovi uvijek na hebrejskome.

Za kabalista pojam Stvoritelj ne predstavlja nadnaravno, udaljeno biće, nego sljedeći stupanj koji čovjek treba dostići u traganju za višim znanjem. Hebrejska riječ za Stvoritelja je Bore, i sastoji se od dvije riječi: Bo (dođi) i Re'eh (vidi). Dakle, riječ Stvoritelj osobna je pozivnica da iskusimo duhovni svijet.

Kolijevka znanosti

Znanje koje su prvi kabalisti stekli nije im samo pomoglo razumjeti kako stvarnost uistinu funkcionira. S tim znanjem mogli su objasniti fenomene prirode kojima su svjedočili. Tako je bilo prirodno da oni postanu učitelji i da znanje koje nam prenose postane osnova starih, ali i modernih znanosti.

O kabalistima možda razmišljamo kao o povučenim ljudima koji se skrivaju po zadimljenim odajama i pišu magijske skripte. Doista, do kraja 20. stoljeća kabala jest bila čuvana u tajnosti. Tajnoviti pristup kabali proizveo je mnoge priče i legende. Iako je velik dio tih priča pogrešan, one ipak zbunjuju čak i najupornije mislioce.

Gottfried Leibnitz, veliki matematičar i filozof, zorno je prikazao što misli o tome kako je tajnovitost utjecala na kabalu: »*Čovjekova želja za znanjem, zato što nije imao pravi ključ kojim bi otključao tu tajnu, svedena je na knjige pune svakakvih vrsta praznovjerja koja su iznjedrila vrstu »vulgarne kabale«, koja ima malo toga zajedničkoga s istinskom kabalom; kao i različite fantazije pod imenom magije.*«

Ali kabala nije oduvijek skrivena. Ustvari, prvi su kabalisti bili vrlo otvoreni glede svoga znanja i društveno vrlo aktivni. Često su vođe nacija bili kabalisti. Kralj David vjerojatno je najpoznatiji primjer velikoga kabalista koji je ujedno bio i veliki vođa.

Aktivno sudjelovanje kabalista u društvu u kojemu je živio razvilo je osnove onoga što danas zovemo zapadnjačkom filozofijom, koja je poslije postala osnovom moderne znanosti. Evo što humanist Johannes Reuchlin, inače klasični učenjak i stručnjak za stare jezike i tradicije, piše u svojoj knjizi *De Arte Cabbalistica*: »Moj učitelj Pitagora, otac filozofije, svoja je učenja preuzeo od kabalista... prvi je do tada nepoznatu riječ *kabala* preveo u grčku riječ *filozofija*... kabala ne dopušta da svoje živote provedemo u prašini, nego nam uzdiže um na vrhunac znanja...«

Drugi pravci

Ali filozofi nisu bili kabalisti. Nisu mogli doseći dubinu kabalističkoga znanja jer nisu proučavali kabalu. To je znanje zahtijevalo vrlo specifičan tretman, međutim, razvijeno je i rabljeno na pogrešan način. Tako kabalističko znanje kreće drugačijim pravcem nakon što je migriralo u druge krajeve svijeta, gdje u to vrijeme nije bilo kabalista.

Tada čovječanstvo skreće pogrešno. Iako je zapadnjačka filozofija uključivala dijelove kabalističkih znanja, pošla je posve drugim pravcem. Tako je izrodila znanosti koje istražuju materijalni svijet i koji doživljavamo preko naših pet osjetila. No kabala je znanost koja poučava što se događa izvan onoga što možemo percipirati preko tjelesnih osjetila. Promijenjena predodžba odvela je čovječanstvo u suprotnom pravcu od onoga koji su otkrili kabalisti, a o posljedicama toga govorit ćemo u sljedećim poglavljima.

Velika pitanja

Kabala je bila skrivena oko 2000 godina. Razlog je jednostavan – nije bilo potrebe za njom. Čovječanstvo se tijekom tog vremena zaokupilo razvojem monoteističkih religija, a naposljetku i znanosti. Oboje su stvoreni da bi odgovorili na najosnovnije čovjekovo pitanje – Koje je naše mjesto na svijetu i svemiru, te – Što je svrha našeg postojanja? Drugim riječima – Za što smo rođeni?

No danas, više no ikad, osjećamo da ono na čemu smo radili proteklih 2000 godina više ne zadovoljava naše potrebe. Objašnjenja koja nam pružaju religija i znanost više nas ne zadovoljavaju. Odgovore na najosnovnija pitanja o svrsi života tražimo drugdje. Okrećemo se istočnjačkim učenjima, proricanju budućnosti, magiji i misticizmu. A neki se okreću kabali.

Kabala je oblikovana upravo na način da nam pruži konkretne odgovore. Nanovo otkrivajući drevna saznanja o smislu života, doslovce ispunjavamo pukotinu između čovječanstva i Prirode nastalu nakon što smo se od kabale okrenuli filozofiji.

Kabala stupa na scenu

Kabala je svoju »premijeru« imala prije nekih 5000 godina u Mezopotamiji, staroj zemlji na mjestu današnjega Iraka. Mezopotamija nije bila rodno mjesto samo kabale, nego svih starih učenja i misticizma. Ljudi su tada vjerovali u mnoga različita učenja, često slijedeći više njih istodobno. U tom *kulturnom središtu staroga svijeta* razvijane su i njegovane astrologija, proricanje, magija, čarobnjaštvo, uroci...

Dok god su ljudi bili sretni sa svojim uvjerenjima, nisu osjećali potrebu za promjenom. Htjeli su znati što trebaju napraviti da bi im život bio ugodniji i da bi živjeli u sigurnosti. Nisu se propitivali o nastanku života, niti o važnijem – tko ili što je stvorilo pravila života.

Razlika između ta dva pitanja na prvi se pogled čini neznatnom. No pitanje o životu i pitanje o pravilima koja ga oblikuju razlikuju se poput učenja kako voziti automobil u odnosu na učenje kako ga napraviti. Riječ je o potpuno drugoj razini znanja.

Pokretač promjena

Želje se ne pojavljuju »ni iz čega«. One se nesvjesno oblikuju u nama i na površinu izlaze tek nakon što postanu nešto određeno, poput: »Želim pizzu.« Prije toga, želje ne osjećamo ili ih u najboljem slučaju osjećamo kao nekakav opći nemir. Svi smo doživjeli onaj osjećaj kao da nam je nešto potrebno, a da istodobno ne znamo što bi to bilo. E pa, to je želja koja još nije oblikovana.

Platon je jednom prigodom rekao »Nužda je majka pronalaska« i bio je u pravu. Slično tomu, kabala nas uči da je uopće poželjeti nešto jedini način da nešto i naučimo. To je vrlo jednostavna formula: kada želimo nešto, učinimo što je potrebno da to i ostvarimo. Pronađemo vrijeme, uložimo energiju i razvijemo potrebne vještine. Ispada da je želja pokretač promjene.

Način na koji se naše želje razvijaju definira i oblikuje čitavu ljudsku povijest. Kako su se želje razvijale, tako su poticale ljude da uče o svojoj sredini ne bi li ispunili svoje želje. Za razliku od minerala, biljaka i životinja, ljudi neprestano evoluiraju. Sa svakom generacijom i svakom osobom, želje postaju jače i jače.

Preuzimanje »kontrole«

Pokretač promjene – želja – sazdana je od pet razina; od nula do četiri. Kabalisti taj pokretač nazivaju »voljom za primanjem užitka« ili jednostavno, »voljom za primanjem«. Prije 5000 godina, kada se kabala prvi puta pojavila, volja za primanjem bila je na razini »nula«. Kao što možda možete pretpostaviti, danas smo na razini »četiri« – najvišoj razini.

Davno, kada je volja za primanjem bila na »nultoj« razini, želje nisu bile dovoljno jake da nas odvoje od Prirode, kao ni da nas odvoje jedne od drugih. Jedinstvo s Prirodom bilo je uobičajen način života, a danas, ponovno učenje toga mnogi od nas nemalo plaćaju novcem na tečajevima meditacije (koji, priznajmo, nisu uvijek uspješni). Ljudi nisu znali drugačije. Nisu znali čak ni da mogu biti odvojeni od Prirode, niti su to željeli.

Ustvari, nekada je komunikacija između čovječanstva i Prirode tekla bez prepreka, riječi nisu bile ni potrebne: ljudi su komunicirali mislima, telepatski. Bilo je to vrijeme jedinstva i čitavo čovječanstvo bilo je kao jedan narod.

U Mezopotamiji, međutim, stvari su se počele mijenjati: ljudske želje počele su rasti i postajati egoističnije. Ljudi su poželjeli mijenjati Prirodu i rabiti je za sebe. Umjesto da joj se prilagode, poželjeli su je promijeniti kako bi ona odgovarala njihovim potrebama. Odvojili su se i otuđili od Prirode i jedni od drugih. Danas, mnogo stoljeća poslije, otkrivamo da to nije bilo pametno. Jednostavno – stvar nije funkcionirala.

Kako su se ljudi postavljali protivno svojoj okolini i društvima u kojima su živjeli, tako su gubili vezu s drugim ljudima i Prirodom kao svojim domom. Ljubav je zamijenila mržnja i ljudi su se odvojili jedni od drugih.

Posljedično, nastala je podjela do tada jedinstvenoga naroda staroga svijeta. Prvo se razdvojio u dvije grupe od kojih je jedna otišla na istok, a druga na zapad. Rasipanje se nastavilo, da bi se na kraju formirale brojne nacije kakve danas postoje.

Nastanak različitih jezika jedan je od najočitijih simptoma podjele. Biblija to opisuje kao »pad babilonske kule«. Ovi različiti jezici odvojili su ljude jedne od drugih te proizveli zbrku i prestanak funkcioniranja. Hebrejska riječ za zbrku je Bilbul i po tome glavni grad Mezopotamije dobija ime Babel (Babilon).

Od samoga trenutka razdvajanja – kada su naše želje narasle s razine nula na razinu jedan – počinje borba protiv Prirode. Umjesto da ispravimo rastući egoizam ne bismo li ostali jedno s Prirodom, to jest sa Stvoriteljem, izgradili smo mehaničku, tehnološku obranu protiv nje. Zato smo razvili znanost i tehnologiju. Bili mi toga svjesni ili ne, ispada da pokušavamo kontrolirati Stvoritelja i preuzeti »kontrolu«.

U takvome Babilonu živio je Abraham. Pomagao je svome ocu izrađivati i prodavati male idole. Nije teško uvidjeti da je u tom »New Yorku staroga svijeta« Abraham bio u centru kaosa ideja. Ova konfuzija također objašnjava pitanje na kojemu je Abraham ustrajao: »Tko je vlasnik ovoga grada?«

Odgovor ga je naveo da otkrije zakon Prirode. Kada je shvatio da postoji svrha toj konfuziji i zastranjivanju, brzo je o tome počeo učiti svakoga tko je bio voljan slušati.

Skrivanje, traženje i... nenalaženje

Razina egoizma nastavila je rasti, svakom nas razinom sve više odvajajući od Prirode (Stvoritelja). U kabali, razdaljina se ne mjeri metrima ili kilometrima. Mjeri se svojstvima. Svojstvo Stvoritelja je cjelovitost, povezanost i davanje; ali osjetiti ga moguće je jedino kada i sami steknemo ta svojstva. Ako sam okrenut sebi, nema šanse da ću se povezati s nečim toliko cjelovitim i altruističnim kao što je Stvoritelj. To bi bilo jednako uzaludno kao pokušavati vidjeti osobu kojoj smo okrenuti leđima.

Okrenuti smo Mu leđima i želimo Ga kontrolirati pa je jasno da, što više pokušavamo, postajemo sve frustriraniji. Jasno, ne možemo kontrolirati nešto što ne možemo vidjeti ni osjetiti. Ta želja ne može biti ispunjena ako se ne okrenemo za 180 stupnjeva, pogledamo u suprotnom pravcu i tako Ga pronađemo.

Mnogi su već umorni od propalih obećanja tehnologije o bogatstvu, zdravlju i sigurnoj sutrašnjici. Premalo ljudi došlo je do svega toga, ali čak ni oni ne znaju što će s njima biti sutra. Pozitivno u vezi toga je da tjera da se preispitamo i upitamo: »Je li moguće da čitavo vrijeme putujemo u krivome smjeru?«

Kada prihvatimo činjenicu da kriza postoji, postajemo sposobni i otvoreno priznati da je put koji smo odabrali ustvari slijepa ulica. Odabrali smo tehnologiju i svoju prirodu načinili suprotnom Prirodi, a umjesto toga trebali smo vlastiti egoizam zamjeniti altruizmom, što bi rezultiralo jedinstvom s Prirodom.

U kabali, riječ koja se koristi za ovu promjenu je *tikkun* (ispravljanje). Shvatiti našu suprotnost u odnosu na Stvoritelja znači da moramo prihvatiti rascjep koji je nastao među ljudskim bićima prije pet tisuća godina. To se zove »prepoznavanje zla«. Nije lak, ali je prvi korak ka istinskom zdravlju i sreći.

Globalna kriza ima sretan kraj

U posljednjih 5000 godina svaka je od dvije struje koje su pošle iz Mezopotamije evoluirala u civilizaciju različitih ljudi. Od te dvije grupe, jedna je postala poznata kao »zapadna civilizacija«, a druga kao »istočna civilizacija«.

Odnosi između dvije civilizacije pogoršavali su se tijekom procesa započetog prvim raskolom. Prije pet tisućljeća podijeljena je jedinstvena nacija jer je egoizam rastao i razdvajao njezine članove. Vrijeme je da se ove »nacije« – čovječanstvo – iznova ujedine i postanu jedinstvena nacija. Još smo na prijelomnoj točki, ali smo danas toga svjesni više nego prije.

Prema kabalističkoj mudrosti aktualni sukob između različitih kultura i ponovno pojavljivanje mističnih vjerovanja kakvi su bili uobičajeni u staroj Mezopotamiji zapravo označavaju početak ponovnog spajanja čovječanstva u novu civilizaciju. Danas počinjemo shvaćati da smo svi povezani i da moramo iznovo izgraditi stanje otprije raspada. Iznova izgrađujući jedinstveno čovječanstvo, ujedno ćemo obnoviti našu vezu s Prirodom, sa Stvoriteljem.

Egoizam je kvaka-22*

Mudrost kabale otkrivena je u vrijeme prve popularizacije misticizma. Pružala je znanje o postupnom rastu našeg egoizma i o tome što ga je izazvalo. Kabalisti su učili da je sve što postoji sazdano od želje za samoispunjenjem.

---

* Kvaka-22/Catch-22: termin koji uvodi Joseph Heller u istoimenom romanu, opisujući paradoks u zakonu, pravilu ili praksi zbog kojega je netko žrtva bez obzira na izbor koji učini. U teoriji vjerojatnosti pojam se odnosi na situaciju tipa – Ako ispadne pismo – ja dobivam; ako ispadne glava – ti gubiš, (op.prev.)

Te želje, međutim, ne mogu biti ispunjene u svojoj izvornoj formi, kada su usmjerene prema zadovoljavanju sebe samih. Naime, želju poništavamo čim je zadovoljimo. A ako poništimo želju za nečim, prestajemo uživati.

Na primjer, pomislite na svoju omiljenu hranu. Zamislite se u nekom restoranu, udobno ste smješteni dok vam nasmiješeni ugostitelj donosi pokriveni pladanj, postavlja ga ispred vas i podiže poklopac. Hmmm... ta poznata i ukusna aroma! Uživate li već? Vaše tijelo uživa, zbog toga i na samu pomisao o ukusnoj hrani izlučuje probavne sokove.

No čim počnete jesti, užitak se smanjuje. Što postajete sitiji, manje užitka dobivate od jedenja. Na kraju, kad ste zadovoljili svoju glad, više ne možete uživati u hrani i prestajete jesti. Ne stajete samo zato što ste siti, nego i zato što jedenje na pun želudac nije zabavno. Ovo je kvaka-22 kad se radi o egoizmu – ako dobijete što želite, više to ne želite.

Kako ne možemo živjeti bez užitka, moramo neprestano tražiti nove i veće užitke. To činimo razvijajući nove želje koje će također ostati neispunjene. U tom se krugu bjesomučno vrtimo. Jasno, što više želimo, praznije se osjećamo. A što se praznijima osjećamo, to postajemo nezadovoljniji.

S obzirom na to da se sada nalazimo na najintenzivnijoj razini želje u našoj povijesti, ne možemo se oteti dojmu da smo zapravo nezadovoljniji nego ikada, iako je neosporno da imamo više materijalnog bogatstva nego što su imali naši očevi i očevi naših otaca. Kontrast između onoga što imamo i sve većeg nezadovoljstva koje osjećamo jest osnova krize koju danas doživljavamo. Što postajemo egoističniji, praznije se osjećamo. A kriza se pogoršava.

Neophodnost altruizma

Izvorno, svi su ljudi međusobno bili povezani. Osjećali smo i mislili o sebi kao jedinstvenom ljudskom biću i upravo to je način na koji se Priroda ophodi s nama. To »kolektivno« ljudsko biće zove se Adam, od hebrejske riječi *domeh* (sličan), što znači sličan Stvoritelju, koji je također jedinstven i cjelovit. No, usprkos našoj početnoj *jednosti*, rast egoizma uzrokuje gubitak tog osjećaja i postajemo udaljeniji jedni od drugih.

Kabalističke knjige govore da Priroda ima u planu nastavak rasta našeg egoizma sve dok ne shvatimo da smo se razdvojili i počeli mrziti jedni druge. Logika koja se krije iza tog plana je da prvo moramo osjetiti jedinstveno biće, a zatim se razdvojiti na egoistične i otuđene individue. Jedino tada ćemo moći shvatiti da smo postali nešto posve suprotno Stvoritelju i da smo krajnje sebični.

Štoviše, to je jedini način da shvatimo egoizam kao nešto negativno, neispunjavajuće i krajnje beznadno. Kako rekosmo, naš nas egoizam razdvaja od drugih i od Prirode. Ali da bismo to promijenili, moramo prvo shvatiti sve navedeno. To će nas dovesti do želje za promjenom i do otkrivanja načina preobrazbe u altruiste – ponovno spojene s čitavim čovječanstvom i Prirodom – Stvoriteljem. Na kraju, već smo rekli da je želja pokretač promjene.

Kabalist Yehuda Ashlag piše da ulazak Više Svjetlosti u želju i napuštanje iste stvara posudu. Zadatak tog svjetla je altruističan. Drugim riječima, ako želimo osjećati jedinstvo sa Stvoriteljem, prvo moramo biti ujedinjeni s Njim, a zatim osjetiti gubitak ovoga jedinstva. Iskusivši oba stanja, moći ćemo načiniti svjestan izbor, a svjesnost je bitna za pravo jedinstvo.

Možemo ovaj proces usporediti s djetetom koje, dok je malo, osjeća povezanost s roditeljima; kao adolescent se pobunjuje; a konačno, kada dijete odraste, razumije i opravdava okolnosti svojega odrastanja.

Ustvari, alturizam nije samo mogućnost. Samo naizgled možemo izabrati hoćemo li biti egoistični ili altruistični. Ali, ako proučimo Prirodu, altruizam ćemo smatrati njezinim najosnovnijim zakonom. Naprimjer, svaka stanica u tijelu primarno je egoistična. No, da bi postojala, mora prevladati svoje egoistične porive zbog dobrobiti tijela kao cjeline. Nagradu koju ta stanica dobiva je da ne doživljava samo svoju egzistenciju, nego život čitavoga tijela.

Mi također moramo razviti sličnu vezu s ostalima. Što budemo uspješniji u vezanju s ostalima, više ćemo osjećati Adamovo vječno postojanje umjesto prolaznosti fizičke egzistencije.

Danas je altruizam postao posebno važan za naše preživljavanje. Postalo je jasno da smo svi povezani i ovisni jedni o drugima. Ova ovisnost proizvodi novu i vrlo preciznu definiciju altruizma: svaki čin namjere koji dolazi iz potrebe da se čovječanstvo poveže u jedno jedino biće smatra se altruističnim. Sukladno tome, svaki je čin ili namjera koja nije fokusirana na ujedinjenje čovječanstva egoistična.

Iz toga proizlazi da je naša suprotnost Prirodi ustvari izvor sve patnje koje vidimo u svijetu. Sve drugo u Prirodi – minerali, biljke i životinje – insitnktivno slijede prirodni zakon altruizma. Samo je ljudsko ponašanje u suprotnosti s ostatkom Prirode i Stvoriteljem.

Štoviše, patnja koju vidimo oko sebe nije samo naša. Svi drugi dijelovi Prirode također pate zbog naših pogrešnih postupaka. Ako svaki drugi segment Prirode insinktivno slijedi svoj zakon, a samo čovjek ne, tada je upravo čovjek jedini pokvareni element u Prirodi. Jednostavno rečeno, kada korigiramo sebe iz egoizma u altruizam, sve će ostalo biti korigirano: zagađenost, oskudica, ratovi i društvo u cjelini.

Pojačana percepcija

Postoji posebna nagrada od altruizma. Može se doimati da bi se jedina promjena sastojala od davanja prioriteta drugima ispred sebe, ali postoje daleko veće beneficije. Kada počnemo razmišljati o drugima, postajemo sjedinjeni s njima i oni s nama.

Razmislite o ovome: na svijetu je oko 6,5 milijardi ljudi. Što ako, umjesto što imate dvije ruke, dvije noge i jedan mozak; raspolažete s čak 13 milijardi ruku i nogu, i 6,5 milijardi mozgova? Zvuči zbunjujuće? Ustvari nije, jer svi bi ti mozgovi funkcionirali kao jedan, a sve ruke kao jedan par. Čitavo čovječanstvo funkcioniralo bi kao jedno tijelo čije su mogućnosti povećane 6,5 milijardi puta.

Čekajte, još nismo gotovi s nagradama! Osim što će postati super-čovjek, svatko tko postane altruističan primit će najpoželjniji poklon: sveznanje, potpuno prisjećanje. Stjecanjem altruizma, koji je Stvoriteljeva priroda, izjednačujemo se s Njime, i počinjemo *razmišljati* kao On. Počinjemo razumjeti zašto se sve događa, kad se treba dogoditi i što učiniti ako bismo htjeli da se dogodi drugačije. U kabali, to se stanje zove jednakost forme i to je svrha stvaranja.

To stanje pojačane percepcije, ili jednakosti forme, predstavlja odgovor na pitanje zašto smo uopće stvoreni. Evo zašto smo stvoreni jedinstveni, a zatim se razdvojili – da bismo se mogli ponovno ujediniti. U tom procesu naučit ćemo zašto Priroda čini ono što čini i postati mudri kao Misao koja ju je stvorila.

Kad se ujedinimo s Prirodom, osjećat ćemo se vječnima i potpunima, poput Nije. Čak i kad naša tijela umru, osjećat ćemo kako nastavljamo postojati u vječnoj Prirodi. Fizički život i smrt više nas neće doticati jer će naša prijašnja percepcija, okrenuta prema samima sebi, biti zamijenjena cjelovitom, altruističnom percepcijom. Naši životi postat će život cjelovite Prirode.

Sada je vrijeme

Knjiga Zohar, »Biblija« kabale, napisana je prije otprilike 2000 godina. Tvrdi da će do kraja 20. stoljeća ljudski egoizam doseći neviđen intenzitet.

Kao što smo već ustvrdili: što više želimo, praznije se osjećamo. Zato od kraja 20. stoljeća čovječanstvo osjeća najveću prazninu ikad. *Knjiga Zohar* također piše da će, kada dođe do opisanoga osjećaja praznine, čovječanstvo tražiti lijek. Tada će, kaže *Zohar*, doći vrijeme da se kabala predstavi čitavom čovječanstvu kao način dolaska do ispunjenja kroz jednakost s Prirodom.

Proces stjecanja potpunosti, *tikkun*, neće se dogoditi odjednom niti u isto vrijeme za svakoga od nas. Da bi došlo do *tikkuna*, čovjek ga mora htjeti. To je proces koji uključuje našu volju.

Korekcija počinje kada osoba shvati da je njezina egoistična priroda izvor svog zla. To je vrlo osobno i snažno iskustvo, ali nedvojbeno dovodi čovjeka do želje za promjenom prema altruizmu.

Kako rekosmo, Stvoritelj nas tretira kao jedno, ujedinjeno stvorenje. Pokušavamo do svojih ciljeva doći egoistički, ali danas otkrivamo da će naši problemi biti riješeni jedino kolektivno i altruistično. Što smo svjesniji svojeg egoizma, više ćemo željeti rabiti metode kabale kako bismo promijenili svoju prirodu u altruističnu. Nismo to učnili kada se kabala prvi put pojavila, ali možemo sada, zato što sada znamo da nam je potrebna!

Proteklih 5000 godina ljudske evolucije bio je proces isprobavanja jedne metode. Ispitivali smo užitke i postajali zavarani njima, a svoje smo greške ostavljali sljedećim naraštajima. Metode su dolazile i odlazile, ali nismo postali sretniji. Sada, kad se pojavila metoda kabale, ciljana da korigira najvišu razinu egoizma, više ne moramo slijediti iluzorne puteve. Naš najgori egoizam možemo jednostavno ispraviti kroz kabalu, a ostale korekcije uslijedit će kao domino-efekt. Zato, tijekom ove korekcije, možemo osjećati ispunjenost, nadahnuće i radost.

Ukratko

Mudrost kabale (mudrost primanja) prvi se puta pojavila prije oko 5000 godina, kad su se ljudi počeli pitati o svrsi vlastita postojanja. Oni koji su znali odgovor, zvani su kabalisti.

No tada su želje većine ljudi bile premale da bi tražili to znanje. Kad su kabalisti vidjeli da čovječanstvo ne treba njihovu mudrost, sakrili su je i tajno pripremali za vrijeme u kojemu će svi biti spremni za nju. U međuvremenu, čovječanstvo je stvorilo druge kanale, poput religije i znanosti.

Danas smo svjedoci toga da je sve veći broj ljudi uvjeren da religija i znanost nemaju odgovor za najdublja životna pitanja, a za odgovorima počinju tragati drugdje. Ovo je vrijeme koje je kabala čekala i to je razlog zašto se ponovno javlja – da pruži odgovor na pitanje o smislu postojanja.

Kabala nam govori da je Priroda, što je sinonim za Stvoritelja – cjelovita, altruistična i jedinstvena. Govori nam da ne samo da moramo razumjeti Prirodu nego i da ovu razinu postojanja moramo željeti implementirati unutar sebe.

Postupajući ispravno, kabala kaže da ćemo biti ne samo izjednačeni s Prirodom, nego ćemo razumjeti i Misao koja stoji iza nje – Veliki plan. Konačno, kabala tvrdi da, razumijevajući Veliki plan, postajemo jednaki kao Veliki planer, i da je to smisao stvaranja – izjednačiti se sa Stvoriteljem.

02. Najuzvišenija želja

Nakon što smo se upoznali s porijeklom kabale, vrijeme je da vidimo kako je povezana s nama samima.

U učenju kabale rabe se brojni strani izrazi, od kojih većina potječe iz hebrejskog jezika; neki iz aramejskog, a neki i iz drugih jezika, poput grčkoga. No dobra je vijest da će se početnici, pa čak i osrednji učenici, sasvim dobro snaći i poznavanjem svega nekoliko riječi. Iako ti izrazi označavaju duhovna stanja, ako ih iskusite u sebi, otkrit ćete njihova ispravna imena.

Kabala govori o željama i načinu njihova zadovoljenja. Proučavala je razvoj ljudske duše od njezina skromna početka kao duhovnog sjemena pa sve do njezina vrhunca kao Drveta Života. Jednom kada shvatite poantu, ostalo ćete naučiti u svome srcu.

Odskočna daska za rast

U prvome smo poglavlju rekli da bi bilo sjajno naučiti koristiti naš ego na drukčiji način – u povezivanju s drugima, tako da tvorimo jedinstveno duhovno biće. Metoda kabale stvorena je upravo u tu svrhu.

Pogledamo li oko sebe, možemo jasno vidjeti da naša budućnost nije baš svijetla. Nalazimo se u krizi i to velikoj. Čak i ako nam još nije nanijela štetu, nemamo jamstva da će tako i ostati. Čini se da ne postoji područje na kojem kriza nije ostavila traga, bilo u našim osobnim životima, društvima u kojima živimo ili Prirodi.

Krize same po sebi nisu nužno negativne; one su samo pokazatelj da je trenutno stanje stvari iscrpljeno i da je vrijeme za prelazak u sljedeću fazu. Demokracija, industrijska revolucija, borba za ženska prava, kvantna fizika... sve se to pojavilo kao posljedica krize u pojedinom području. Zapravo, sve što danas postoji rezultat je kriza iz prošlosti.

Današnja kriza nije bitno drugačija od prethodnih; ona je, međutim, znatno intenzivnija i obuhvaća čitav svijet. Ali, poput svake krize, to je prilika za promjenu, odskočna daska za rast. Ako ispravno izaberemo, sve naše neprilike mogu jednostavno nestati. Mogli bismo jednostavno osigurati hranu, vodu i skrovište za cijeli svijet. Mogli bismo uspostaviti svjetski mir i pretvoriti ovaj svijet u napredan i dinamičan planet. No, da bi se to dogodilo, moramo *željeti* da se to dogodi i izabrati ono što Priroda *želi* da izaberemo – jedinstvo umjesto razdvojenosti.

Zašto se onda ne želimo povezati? Zašto smo otuđeni jedni od drugih? Što više napredujemo i što više znanja stječemo, tim više postajemo razdvojeni. Naučili smo graditi svemirske brodove; robote veličine molekule; dešifrirali smo čitavi ljudski genom... Kako to da nismo naučili biti sretni?

Što više budemo učili o kabali, sve ćemo više otkrivati da nas ona uvijek vodi prema konačnom uzroku. Prije no što vam pruži odgovore, ona vam otkriva zašto se nalazite u trenutnom stanju. Jednom kada upoznate uzrok vlastite situacije, gotovo da vam neće trebati ikakvo vodstvo. U tom kontekstu, pogledajmo što smo do danas učili pa možda otkrijemo zašto još nismo pronašli ključ sreće.

Iza zatvorenih vrata

Čovjek... ako je nedovoljno ili slabo učen,
najveći je divljak među zemaljskim stvorenjima.

Platon, Zakoni

Znanje se oduvijek smatralo imovinom. Špijunaža nije otkriće modernog doba, ona postoji od početka povijesti. Postoji jer se znanje uvijek otkrivalo samo na temelju potrebe za njim, pri čemu se sporilo samo oko toga *tko* treba znati.

U prošlosti su učeni ljudi nazvani »mudracima«, a znanja koja su posjedovali bila su znanja o tajnama Prirode. Mudraci su skrili svoje znanje iz straha da ono ne dođe u posjed onih koje su smatrali nedostojnima.

Ali kako mi određujemo tko ima pravo znati? Daje li mi činjenica što posjedujem ekskluzivan dio znanja pravo da ga skrijem? Naravno, nitko se ne bi složio s tim da je nedostojan znanja; stoga pokušavamo »ukrasti« svaku informaciju koju želimo, a koja nije dostupna svima.

No nije uvijek bilo tako. Prije mnogo godina, prije nego što je egoizam dosegao svoj vrhunac, ljudi su dobrobit društva stavljali ispred osobne dobrobiti. Osjećali su povezanost s cjelokupnom Prirodom i čitavim čovječanstvom; ne sami sa sobom. Za njih je to bio prirodan način življenja.

Ali danas, naša su se promišljanja drastično promijenila i vjerujemo da imamo pravo znati sve i činiti sve što nam je volja. To nam naša razina egoizma nesvjesno nalaže.

Zapravo, čak su i prije nego je čovječanstvo doseglo četvrtu razinu želje, učenjaci počeli prodavati svoju mudrost za materijalna dobra poput novca, slave i moći. Kako su materijalne kušnje rasle, ljudi više nisu bili u mogućnosti nastaviti živjeti skromno i biti usmjereni istraživanju Prirode. Umjesto toga, mudri su ljudi počeli koristili svoje znanje za stjecanje materijalnih užitaka.

Napretkom tehnologije i povećanjem egoističnih poriva, zloupotreba znanja do danas je postala normom. Pritom, što je veći tehnološki napredak, time postajemo veća opasnost za nas same i našu okolinu. Kako nam moć raste, dolazimo u sve veće iskušenje da je iskoristimo kako bismo dobili ono što želimo.

Kao što smo prije spomenuli, želja za primanjem sastoji se od četiri razine intenziteta. Kako postaje jača, tako naš društveni i moralni pad postaje veći. Stoga nije čudo što se nalazimo u krizi. Prilično je jasno zašto su mudraci skrili svoje znanje i zašto ih sada njihov rastući egoizam potiče na otkrivanje tog znanja.

Znanje i napredak neće nam pomoći ako ne promijenimo sebe. Oni će samo prouzročiti veće štete nego što su to činili do sada. Stoga, bilo bi prilično naivno očekivati da nam znanstvena dostignuća osiguraju dobar život. Ako želimo svjetliju budućnost, trebamo promijeniti sebe.

Evolucija želja

Tvrdnja da je čovjek egoist po prirodi nije nikakva novost. No zbog toga što smo prirodno egoistični, svi smo, bez iznimke, skloni zloupotrebljavati vlastito znanje. To ne mora nužno značiti da ćemo koristiti svoje znanje da bismo počinili zločin. To se može odraziti u malim, naizgled beznačajnim stvarima, poput stjecanja promaknuća na poslu kada to nismo zaslužili ili kada prijatelju »otmemo« voljenu osobu.

Prava novost kod egoizma nije u tvrdnji da je ljudska priroda egoistična; već tvrdnja *Ja sam egoist*. Kada se po prvi put suočimo s vlastitim egom, doživljavamo otrežnjenje. I baš kao svako drugo otrežnjenje popraćeno je jakom glavoboljom.

Postoji valjan razlog neprestanog razvoja naše želje za primanjem, što ćemo razmotriti malo kasnije. Nego, usredotočimo se sad na ulogu koju ova evolucija ima u načinu na koji stječemo znanje.

Kad se pojavi nova želja, ona stvara nove potrebe. A kada tragamo za načinima zadovoljenja tih potreba, razvijamo i oplemenjujemo svoj um. Drugim riječima, evoluciju stvara razvoj želje za primanjem užitka.

Pogled na ljudsku povijest sa stajališta evolucije želje za primanjem otkriva nam da su te rastuće želje proizvele svaki koncept, otkriće i izum. Svaka inovacija zapravo je oruđe koje nam pomaže u zadovoljavanju sve većih potreba i zahtjeva koje naše želje stvaraju.

 Prva razina želje odnosi se na fizičke želje poput želje za hranom, seksom, obitelji i domom. To su najosnovnije želje koje posjeduju sva živa bića. Za razliku od prve razine želja, sve su ostale razine želja isključivo ljudske, a proizlaze iz življenja u ljudskom društvu. Druga se razina odnosi na želju za bogatstvom; treća na želju za časti, slavom i moći, a četvrta razina na želju za znanjem.

Sreća ili nesreća; užitak ili patnja, ovise o stupnju zadovoljenja naših potreba. Međutim, zadovoljstvo zahtijeva ulaganje truda. Zapravo, u tolikoj smo mjeri upravljani užitkom da, kako kabalist Yehuda Ashlag kaže: »Čak ni najmanji pokret osoba ne može učiniti bez motivacije... bez stjecanja određene dobiti iz toga.« Štoviše: »Kada, primjerice, netko pomakne ruku sa stolice na stol, čini to jer misli da će na taj način primiti veći užitak. Kada ne bi tako mislio, ostavio bi ruku da počiva na stolici cijelog života.«

U prethodnom smo poglavlju istaknuli da je ego *kvaka-22*. Drugim riječima, jačina užitka ovisi o jačini želje. Kako se ispunjenje povećava, želja proporcionalno slabi. Prema tome, kada nestane želja, nestaje i užitak. Iz toga proizlazi da, ako želimo uživati u nečemu, moramo to ne samo željeti nego i zadržati tu želju jer će, u protivnom, užitak nestati.

Osim toga, užitak se ne nalazi u željenom objektu, već u pojedincu koji želi užitak. Primjerice, ako sam lud za tunjevinom, to ne znači da tunjevina u sebi sadrži ikakav užitak, već da užitak u »obliku« tunjevine postoji u *meni*.

Pitajte bilo kojeg tunja uživa li u svom mesu. Sumnjam da bi odgovor bio pozitivan. Mogu ga upitati: »Ali zašto ne uživaš u svom mesu? Kada uzmem zalogaj tvoga mesa, tako je dobrog okusa... a ti imaš tunjevine na tone! Da sam na tvom mjestu, bio bi to raj za mene.«

Naravno, svi znamo da ovo nije realističan dijalog i to ne samo zbog toga što tunj ne govori. Instinktivno osjećamo da tunj ne može uživati u svom mesu, dok ljudi mogu.

Zašto ljudi uživaju u okusu tunjevine? *Zato što mi imamo želju za uživanjem u tunjevini.* Razlog zbog kojeg tunj ne može uživati u svojem mesu leži u tome što nema želju za uživanjem u vlastitom mesu. Određena želja za primanjem užitka iz određenog objekta zove se *kli* (posuda/oruđe); a primanje zadovoljstva unutar *kli* zove se *Ohr* (Svjetlost). Koncept *kli* i *Ohr* nesumnjivo je najvažniji koncept u mudrosti kabale. Kada budete u mogućnosti izgraditi *kli*, posudu za Stvoritelja, primit ćete Njegovu Svjetlost.

Upravljanje željama

Sad kad znamo da želje uzrokuju napredak, pogledajmo kako smo se nosili s njima kroz povijest. Željama smo najčešće upravljali na dva načina:
1. Pretvarajući sve u navike, »prilagođavajući« želje; ili ih stavljajući u svakodnevnu rutinu;
2. Umanjujući i potiskujući ih.

Većina religija koristi prvi način, vezujući svaki čin uz nagradu. Da bi nas motivirali na činjenje onoga što se smatra dobrim, naši bi nas učitelji i okolina nagrađivali pozitivnom reakcijom svaki put kad bismo učinili nešto »ispravno«. Kako odrastamo, nagrade postupno prestaju stizati, a naši postupci postaju »označeni« kao nagrađujući u našem umu.

Jednom kad postanemo naviknuti na nešto, to nam postaje prirodno. A kad djelujemo u skladu sa svojom prirodom, uvijek smo zadovoljni sami sa sobom.

Drugi način upravljanja željama – umanjivanje i potiskivanje – najviše se prakticira u istočnjačkim učenjima. Taj pristup slijedi jednostavno pravilo: bolje je ne željeti, nego željeti, a ne imati ili, riječima Lao-Tsea (604 pr.n.e. – 531 pr.n.e): »Ispolji jasnoću; prigrli jednostavnost; umanji sebičnost; imaj malo želja.« (*Put Lao-Tsea*)

Mnogo se godina činilo da uspijevamo upravljati željama pomoću ovih dviju metoda. Premda nismo dobili ono što smo željeli – zbog pravila koje kaže da, kad imaš ono što želiš, više to ne želiš – potraga je sama po sebi bila zadovoljavajuća. Kad god se pojavila nova želja, vjerovali smo da će nas baš ona ispuniti. Bili smo ispunjeni nadom dok smo sanjarili; a gdje postoji nada, postoji i život, čak i bez istinskog ostvarenja naših snova.

Ali naše su želje rasle. Postalo ih je iznimno teško zadovoljiti neostvarenim snovima, praznim *kli* lišenim ispunjenja. Iz toga slijedi da se dva načina – prilagođavanje i umanjivanje želja – nalaze pred najvećim izazovom. Kada ne možemo umanjiti svoje želje, ne preostaje nam ništa drugo nego pronaći način kako da ih zadovoljimo. U takvom stanju ili napuštamo stare načine ili ih na neki način kombiniramo s novima.

Stigla je nova želja

Rekli smo da postoje četiri stupnja želje za primanjem: a) fizička želja za hranom, razmnožavanjem i obitelji; b) bogatstvo; c) moć i poštovanje, ponekad odijeljene u dvije različite skupine; i d) želja za znanjem.

Četiri su stupnja podijeljena u dvije grupe: 1) životinjske želje, prvi stupanj, koje dijelimo sa svim živim bićima; i 2) ljudske želje; drugi, treći i četvrti stupanj; koje su svojstvene samo ljudima. Potonja skupina želja dovela nas je do stanja u kojem se nalazimo.

Ali danas postoji nova želja – peti stupanj u evoluciji želje za primanjem. Kao što smo spomenuli u prethodnom poglavlju, u *Knjizi Zohar* piše da će se krajem dvadesetog stoljeća pojaviti nova želja.

Nova želja nije poput prethodnih; ona je vrhunac svih stupnjeva želja koje su joj prethodile. Ne samo da predstavlja najsnažniju želju, već posjeduje jedinstvena svojstva po kojima se razlikuje od ostalih želja.

Kada kabalisti govore o srcu, pritom ne misle na organ, nego na želje prva četiri stupnja. Peti stupanj želje bitno je drukčiji. Traži zadovoljstvo samo iz duhovnoga, ni iz čega fizičkog. Ta je želja također i temelj duhovnog rasta koji svatko treba proživjeti. Iz toga razloga kabalisti tu želju nazivaju »točka u srcu«.

Nova metoda za novu želju

Kad se pojavi »točka u srcu«, osoba se počinje pomicati od želja za ovozemaljskim užicima – seksom, novcem, moći, i znanjem – prema željama za duhovnim užicima. Kako je ovo nova vrsta užitka za kojim tragamo, tako nam treba nova metoda da bismo ga ostvarili. Metoda zadovoljavanja nove želje naziva se »mudrost kabale« (mudrost o tome kako primati).

Da bismo shvatili ovu novu metodu, razmotrimo razlike između mudrosti kabale, čiji je cilj zadovoljiti želju za duhovnim, i metoda koje se koriste za zadovoljenje ostalih želja. Kod naših »običnih« želja uglavnom vrlo lako možemo odrediti što želimo. Ako želim jesti, potražit ću hranu; ako želim poštovanje, ponašat ću se na način za koji vjerujem da će navesti ljude da me poštuju.

Međutim, s obzirom na to da zapravo ne znam što je duhovnost, kako onda mogu znati što trebam činiti da bih je postigao? Zato što u početku ne shvaćamo da je otkrivanje

Stvoritelja ono što uistinu želimo, ne shvaćamo ni da će nam biti potrebna nova metoda da bismo Ga tražili. Ta je želja toliko drukčija od ičega što smo do sad iskusili, da je čak ni mi sami ne možemo razaznati. Zbog toga se metoda otkrivanja i zadovoljavanja duhovne želje naziva »Mudrost Skrivenoga«.

Dokle god je hrana, društveni status i, iznad svega – znanje – bilo jedino što smo željeli, nije nam trebala »Mudrost Skrivenoga«. Nikakve koristi nismo imali od nje, zbog toga je i ostala skrivena. No njezina skrivenost ne znači da je bila napuštena. Naprotiv, posljednjih su je pet tisuća godina kabalisti usavršavali i prerađivali za vrijeme kad će ljudima biti potrebna. Pisali su knjige na sve jednostavniji način kako bi kabalu učinili razumljivijom i pristupačnijom.

Znali su da će u budućnosti čitav svijet trebati tu mudrost, a napisali su da će se to dogoditi kad se pojavi peta razina želje. Sada se ta razina pojavila i oni koji je prepoznaju osjećaju potrebu za mudrošću kabale.

Kabalističkim rječnikom rečeno: da biste primili užitak, morate imati *kli* za to – strogo određenu želju za specifičnim užitkom. Pojava *kli* prisiljava naš mozak da pronađe način kako bi ga ispunio Svjetlošću (*Ohr*). Sad kada mnogi od nas imaju »točku u srcu«, mudrost kabale postavlja se kao sredstvo zadovoljenja naše želje za duhovnošću.

Tikkun – ispravljanje želje za primanjem

Prethodno smo spomenuli da je želja za primanjem *kvaka*-22: kad konačno dobijem ono što sam želio, gotovo istoga trenutka prestajem to željeti. I naravno, ako nešto ne želim, ne mogu u tome ni uživati.

Želja za duhovnošću posjeduje vlastiti jedinstven mehanizam koji omogućava izbjegavanje te zamke. Taj se mehanizam naziva *tikkun* (ispravljanje, korekcija). Želja pete razine najprije treba biti »omotana« tim *tikkunom* kako bi mogla biti korištena učinkovito i sa zadovoljstvom.

Razumijevanje *tikkuna* riješit će mnoge nesporazume o kabali. Želja za primanjem bila je pogonska sila koja je stajala iza svakog napretka i promjene u povijesti čovječanstva. Ali se uvijek koristila za primanje užitka za sebe. Premda nema ništa loše u želji za primanjem užitka, *namjera* uživanja radi samozadovoljenja stavlja nas nasuprot Prirodi, Stvoritelju. Prema tome, želeći primiti samo *za sebe*, odvajamo se od Stvoritelja. U tome je naša iskvarenost, razlog za svaku nesreću i nezadovoljstvo.

Tikkun se ne događa kada prestanemo primati, nego kada promijenimo razlog zbog kojeg primamo, našu *namjeru*. Kada primamo za sebe, to se zove »egoizam«. Kada primamo s ciljem postizanja jedinstva sa Stvoriteljem, to se zove »altruizam«, odnosno jedinstvo s Prirodom.

Naprimjer, biste li uživali u svakodnevnom jedenju istoga jela tijekom nekoliko mjeseci? Vjerojatno ne. No upravo to se zahtijeva od malih beba. One nemaju izbora. Zapravo, jedini je razlog što pristaju na to činjenica da ne znaju ni za što drugo. Ipak, zasigurno postoji više užitaka koje mogu dobiti iz jedenja, osim pukog punjenja praznoga trbuščića.

Razmislite sada o djetetovoj majci. Zamislite njezino lice kako sjaji dok hrani svoje dijete. Oduševljava je puko gledanje njezina djeteta kako zdravo jede. Dijete može biti zadovoljno (u najboljem slučaju), ali majka je ushićena.

Evo što se događa: i majka i dijete uživaju u djetetovoj želji za hranom. Međutim, dok je dijete usredotočeno na vlastiti trbuh, majčino je zadovoljstvo beskrajno veće zbog užitka koji ima od davanja svome djetetu. Ona nije usredotočena na sebe, nego na dijete.

Isto je i s Prirodom. Kada bismo znali što Priroda želi od nas i ispunili to, osjetili bismo zadovoljstvo davanja. Štoviše, ne bismo to osjetili na instiktivnoj razini koju majke prirodno doživljavaju u odnosu sa svojim djetetom, nego na duhovnoj razini vlastite povezanosti s Prirodom.

Na hebrejskom, izvornom jeziku kabale, namjera se kaže *kavana*. Prema tome, *tikkun* koji nam je potreban postavljanje je ispravne *kavana* iznad naših želja. Nagrada za provedbu *tikkun* i ispravnu *kavana* ispunjenje je posljednje i najveće želje od svih – želje za duhovnim, za Stvoriteljem. Kada ta želja postane ispunjena, osoba poznaje sustav koji upravlja stvarnošću, sudjeluje u njezinu stvaranju i konačno prima ključeve svog života u svoje ruke. Takva osoba više ne doživljava život i smrt na način na koji ih mi doživljavamo, nego bez napora i radosno plovi kroz vječnost kroz beskonačnu struju blaženstva i cjelovitosti, ujedinjena sa Stvoriteljem.

Ukratko

Postoji pet razina naših želja, podjeljenih u tri grupe. Prvoj grupi pripadaju životinjske želje (hrana, razmnožavanje i dom), drugoj ljudske želje (novac, ugled, znanje), a trećoj grupi duhovna želja (»točka u srcu«).

Sve dok su samo prve dvije grupe želja bile aktivne, zadovoljavali smo se »uglavljivanjem« naših želja u svakodnevnu rutinu i njihovim potiskivanjem. Kada se pojavila »točka u srcu«, više nas nisu zadovoljavala prva dva načina pa smo morali potražiti nove. Tada se, nakon tisuća godina u skrivenosti, iščekujući vrijeme kad će biti potrebna, pojavila kabala.

Mudrost kabale sredstvo je našeg *tikkun* (korekcija). Služeći se njome, možemo promijeniti našu *kavana* (namjeru) iz želje za samozadovoljenjem, nazvane egoizam, u želju za zadovoljenjem čitave Prirode, Stvoritelja, nazvane altruizam.

Globalna kriza koju danas proživljavamo zapravo je kriza želja. Kada koristimo mudrost kabale za zadovoljenje posljednje, najveće želje – želje za duhovnošću – istovremeno se rješavaju svi problemi jer njihov je korijen u duhovnom nezadovoljstvu koje mnogi danas proživljavaju.

03. Porijeklo stvorenoga

Iako svrha ove knjige ne dozvoljava temeljito proučavanje Viših svjetova, do kraja ovoga poglavlja imat ćete čvrstu osnovu za nastavak, ako odlučite dublje proučavati kabalu.

Nekoliko riječi o crtežima: knjige kabale su, i oduvijek su bile, pune crteža. Crteži pomažu u opisivanju duhovnih stanja ili struktura. Od samoga početka kabalisti su upotrebljavali te crteže kao alat za objašnjavanje onoga što su iskusili na duhovnom putu. Ipak, vrlo je važno zapamtiti da crteži *ne predstavljaju* opipljive objekte. To su jednostavno slike koje služe za objašnjavanje *duhovnih* stanja, koja se tiču najintimnijih odnosa osobe sa Stvoriteljem, s Prirodom.

Duhovni svjetovi

Stvoreno je u potpunosti sačinjeno od želje za primanjem. Ta se želja razvila kroz četiri faze, od kojih onu posljednju nazivamo »stvorenje« (slika 1). Taj predložak strukture evolucije želja osnova je za sve što postoji.

Slika 1 opisuje stvaranje stvorenja. Ako se prema tom stvaranju odnosimo kao prema pripovijesti, lakše ćemo zapamtiti da crteži opisuju emocionalna ili duhovna stanja, a ne mjesta ili predmete.

Prije nego je bilo što stvoreno, moralo je biti promišljeno, planirano. U tom slučaju govorimo o stvorenome i misli koja je uzrokovala događanje stvaranja. Mi je nazivamo »Misao stvaranja«.

U prvom poglavlju rekli smo da je u prošlosti strah pred Prirodom poticao ljude na potragu za njezinim planom, za njih i za sve nas. Proučavajući je, otkrili su da je Priroda isplanirala da primamo užitak. I to ne bilo kakav užitak, poput onih koje osjećamo u ovome svijetu. Priroda (koja se može zamijeniti izrazom »Kreator«, »Stvoritelj«), od nas želi da primimo vrlo osobit užitak – užitak postajanja identičnim Njemu, Stvoritelju.

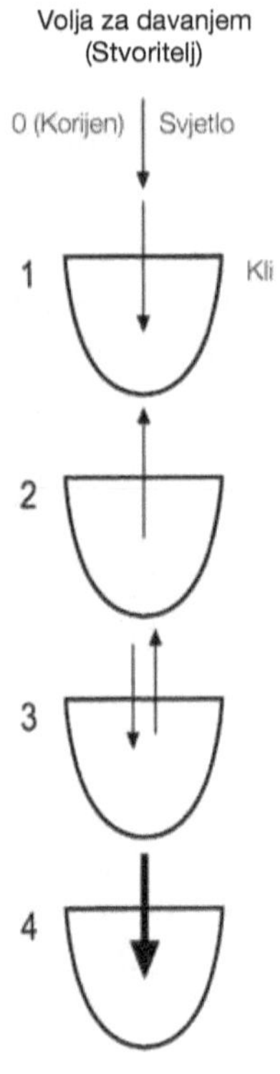

Zato, ako pogledate sliku 1, vidjet ćete kako je Misao stvaranja zapravo želja za davanjem užitka (nazvanim Svjetlost) stvorenjima. To je ujedno i korijen stvaranja, gdje smo svi začeti.

Kabalisti upotrebljavaju termin *kli* (posuda, *primalište*), kako bi opisali želju za primanjem užitka, Svjetlosti. Sada je jasnije zašto su svoju mudrost nazvali »mudrošću kabale« (mudrošću primanja).

Postoji jednako dobar razlog zašto su užitak nazvali »Svjetlost«. Kada *kli* – stvorenje, osoba – osjeti Stvoritelja, to je iskustvo velike mudrosti koja se budi nad osobom. Kao da je nešto svanulo nada mnom i sada vidim Svjetlo. Kakva god nam se mudrost u tim trenucima prikaže, razumijemo da je ona oduvijek bila tu, iako skrivena od očiju. To je kao da se tama noći pretvorila u svjetlost dana i da je nevidljivo postalo vidljivim. I zato što ta Svjetlost sa sobom donosi znanje, kabalisti ga nazivaju

Slika 1: Pet evolucijskih faza volje za primanjem. Strelica prema dolje označava ulazeće svjetlo Stvoritelja; strelice prema gore označavaju želju stvorenja za zadovoljenjem Stvoritelja.

Volja za davanjem (Stvoritelj)

0 (Korijen) | Svjetlo

1 — Kli
2
3
4

Volja za primanjem (Stvorenje)

»Svjetlom Mudrosti«, a metodu za njezino primanje »mudrošću kabale«.

Četiri osnovne faze

Vratimo se našoj priči. Da bi misao davanja praktično primijenio, Stvoritelj je stvorio Stvorenje koje želi primiti osobitu vrst zadovoljstva bivanja jednakim Stvoritelju. Ako ste roditelj, znate kakav je to osjećaj. Koje toplije riječi možemo reći ponosnom ocu od: »Tvoj sin je tvoja slika i prilika!«

Kao što smo upravo rekli, Misao stvaranja – dati užitak stvorenjima – jest korijen Stvorenoga. Iz tog razloga, Misao stvaranja naziva se »korijenska faza« ili »nulta faza«, a želja za primanjem užitka naziva se »prva faza«.

Uočite da je nulta faza prikazana kao strelica prema dolje. Kad god je prisutna strelica koja pokazuje prema dolje, to znači da Svjetlost dolazi od Stvoritelja ka stvorenju. Ali suprotno nije istina: kad god je strelica usmjerena prema gore, to ne znači da stvorenje daje Svjetlost Stvoritelju, nego da je želi dati Stvoritelju. A što se događa kada su prisutne dvije strelice i pokazuju u dva različita smjera? Nastavite čitati; uskoro ćete saznati što to znači.

Kabalisti Stvoritelja označuju i uz pomoć naziva »volja za davanjem«, a stvorenje »volja za primanjem užitka i zadovoljstva« ili jednostavnije »volja za primanjem«. Poslije ćemo govoriti o našem viđenju Stvoritelja. Ono što je u ovom trenutku važnije jest znati da nam kabalisti uvijek opisuju ono što *oni* vide i poimaju. Oni nam ne govore da Stvoritelj ima želju za davanjem; oni nam kažu da je ono što oni vide od Stvoritelja ustvari Njegova želja i volja za davanjem i to je razlog zašto su ga nazvali »volja za davanjem«. S obzirom na to da su u sebi također otkrili želju za primanjem užitka koji On želi dati, sebe su nazvali »volja za primanjem«.

I tako je volja za primanjem prva kreacija, korijen svakog pojedinog bića. Kada stvoreno, volja za primanjem, uoči da užitak dolazi od davatelja, osjeti da pravi užitak leži u davanju, a ne primanju. Kao rezultat, volja za primanjem počinje željeti davati (uočite strelicu prema gore koja se proteže od drugog *kli* – čašice na crtežu). To je u potpunosti nova faza – druga faza.

Proučimo što je to čini novom fazom. Ako pogledamo sam *kli*, vidimo da se ne mijenja kroz faze. To znači da je volja za primanjem aktivna isto toliko koliko i prije. A zato što je volja za primanjem dizajnirana u Misli stvaranja, ona je vječna i nepromjenjiva.

Ipak, u drugoj fazi volja za primanjem želi primiti zadovoljstvo *davanjem*, ne primanjem i to je temeljna promjena. Velika je razlika u tome što druga faza treba drugo biće kojem može dati. Drugim riječima, druga faza treba nešto ili nekoga, osim sebe same, prema kome se može pozitivno odnositi s tom namjerom.

Druga faza, koja nas prisiljava na davanje unatoč našoj temeljnoj želji za primanjem, jest ono što život čini mogućim. Bez nje roditelji ne bi marili za svoju djecu, a suživot s drugima ne bi bio moguć. Naprimjer, ako sam vlasnik restorana, moja je želja zarada novca, no u konačnici ja hranim strance od kojih nemam dugoročnijeg interesa. Isto je primjenjivo na bankare, vozače taksija (čak i u New Yorku) i sve druge.

Sada možemo vidjeti zašto je zakon Prirode altruizam i davanje, a ne zakon primanja, iako je volja za primanjem osnova motivacije svakog bića, baš kao u prvoj fazi. Od trenutka kada kreacija dobiva obje želje, i želju za davanjem i želju za primanjem, sve što će joj se dogoditi proisteći će iz »odnosa« između te dvije faze.

Kao što smo upravo prikazali, želja za davanjem u drugoj fazi prisiljava na komunikaciju, na traženje nekoga kome je potrebno primanje. Stoga, druga faza sada počinje proučavati što može dati Stvoritelju. Napokon, kome drugom može dati?

Ali kada druga faza pokuša dati, otkriva da sve što Stvoritelj želi jest davati. On apsolutno nema nikakve želje primati. Osim toga, što stvorenje može dati Stvoritelju?

Štoviše, druga faza otkriva da u svojoj srži, u prvoj fazi, njezina prava želja jest primanje. Otkriva da je njezin korijen ustvari volja za primanjem užitka i zadovoljstva i nema niti zrna stvarne želje za davanjem u njoj. No u tome je bit stvari. Zato što Stvoritelj želi samo davati, želja stvorenja za primanjem upravo je ono što Mu *može* dati.

Ovo može zvučati zbunjujuće, no ako razmislite o užitku koji majka dobiva hraneći svoje dijete, shvatit ćete da dijete svojoj majci zapravo daje užitak jednostavno time što želi jesti.

Stoga, u trećoj fazi, volja za primanjem *odabire* primati, čime uzvraća korjenskoj fazi, Stvoritelju. Sada imamo potpuni krug gdje su oba sudionika davatelji: nulta faza, Stvoritelj, daje stvorenju, što je prva faza; a stvorenje, prošavši kroz prvu, drugu i treću fazu, uzvraća Stvoritelju primanjem od Njega.

Na slici 1 strelica prema dolje u trećoj fazi označava čin primanja, kao i u prvoj fazi, dok strelica prema gore označava njezinu *namjeru* za davanjem, kao u drugoj fazi. I ponovno, oba čina upotrebljavaju istu volju za primanjem kao u prvoj i drugoj fazi. To se uopće ne mijenja.

Kao što smo prije vidjeli, naše su egoistične namjere uzrok svih problema koje vidimo u svijetu. Ovdje, također, u korijenu Stvorenoga, namjera je puno bitnija nego sam čin. Ustvari, Yehuda Ashlag metaforički govori kako je treća faza deset posto primatelj, a devedeset posto davatelj.

Sada se čini da imamo savršeni ciklus u kojem je Stvoritelj uspio načiniti stvorenje istovjetno Njemu. Štoviše, stvorenje uživa u davanju, stoga vraća užitak Stvoritelju. No dovršava li to Misao stvaranja?

Ne baš. Čin primanja (u prvoj fazi) i razumijevanje Stvoriteljeve jedine želje za davanjem (u drugoj fazi) biće čini željnim istoga stanja, što je treća faza. No postajanje davateljem ne znači da će stvorenje biti u istom stanju i time dovršiti Misao stvaranja.

Biti u stanju Stvoritelja znači da stvorenje neće samo postati davatelj, nego će imati iste *misli* kao Davatelj – Misao stvaranja. U takvom stanju, stvorenje će razumjeti zašto je pokrenut ciklus Stvoritelj–stvorenje, kao i zašto je Stvoritelj stvorio stvoreno.

Očito, želja za razumijevanjem Misli stvaranja posve je nova faza. To možemo usporediti jedino s djetetom koje želi biti snažno i mudro poput svojih roditelja. Mi instinktivno znamo da je to moguće tek nakon što dijete zapravo dospije u poziciju svojih roditelja. Zato roditelji svojoj djeci često kažu: »Čekaj dok budeš imao svoju djecu; tada ćeš razumjeti.«

Jedan od uobičajenih izraza u kabali jest sefirot. *Dolazi od hebrejske riječi sapir* (sefir), *a svaka* sefira *(jednina za* sefirot*) ima svoju Svjetlost. Također, svaka od četiri faze nazvana je po jednom ili više* sefirot. *Nulta faza naziva se Keter, prva faza je Hochma, druga faza je Bina, treća faza je Zeir Anpin, a četvrta je faza Malchut.*

Zapravo, postoji deset sefirot *zato što je Zeir Anpin sačinjen od sedam* sefirota: *Hesed, Gevura, Tifferet, Netzah, Hod, Yesod i Malchut.*

U kabali, razumijevanje Misli stvaranja – najdublje razine razumijevanja – naziva se »postignuće«. To je ono za čime volja za primanjem žudi u posljednjoj, četvrtoj fazi.

Želja za stjecanjem Misli stvaranja najjača je sila u stvorenome. Ona stoji iza cjelokupnog procesa evolucije. Bili mi svjesni toga ili ne, najveće znanje koje tražimo jest razumijevanje zašto Stvoritelj čini to što čini. To je ista potreba koja je potakla kabaliste na otkrivanje tajni kreacije prije nekoliko tisuća godina. Dok to ne budemo razumjeli, nećemo biti mirni.

Potraga za Misli stvaranja

Iako Stvoritelj želi da primimo zadovoljstvo bivanja sličnim Njemu, On nam nije dao takvu želju. Sve što nam je On dao – stvorenju, ujedinjenoj duši *Adam ha Rishon* – bila je žudnja za najvećim užitkom. No, kako možemo vidjeti u slijedu faza, Stvoritelj u stvorenje nije usadio želju za bivanjem poput Njega. To se u stvorenju razvilo kroz faze.

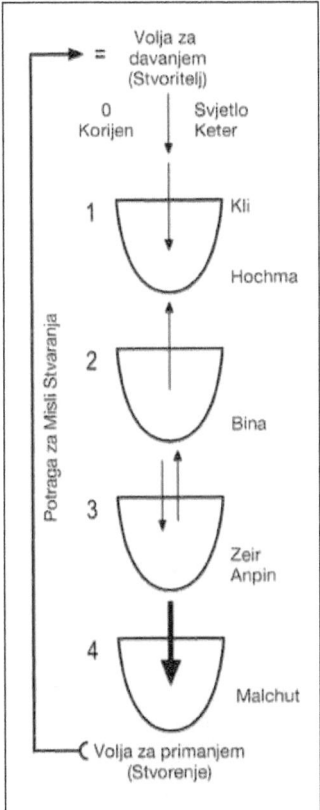

Slika 2: Strelica od *Malchut* do Stvoritelja ukazuje na usmjerenu želju *Malchut* da postane poput Stvoritelja.

U trećoj fazi, stvorenje je već sve primilo i namjerilo uzvratiti Stvoritelju. Slijed se mogao prekinuti upravo tu i tada jer stvorenje je tada činilo upravo ono što je činio i Stvoritelj – davalo. U tom smislu, bili su identični.

Ali stvorenje se nije zadovoljilo davanjem. Željelo je razumjeti što čini davanje užitkom, zašto je sila davanja potrebna za stvaranje stvarnosti i koju mudrost davatelj stječe davanjem. Ukratko, stvorenje je željelo razumjeti Misao stvaranja. To je bila nova žudnja, ona koju Stvoritelj nije »planirao« u stvorenju.

U toj točki svoje potrage za Misli stvaranja, stvorenje je postalo udaljeno, odvojeno biće od Stvoritelja. Možemo to gledati na ovaj način: ako želim biti kao netko drugi, nužno znači da sam svjestan postojanja nekog drugog uz mene i taj netko ima nešto što ja želim ili je nešto što ja želim biti.

Drugim riječima, ne samo da shvaćam da je tu još netko osim mene, nego razumijem i da je taj netko drukčiji od mene. I ne samo drukčiji, nego i bolji. Inače, zašto bih želio biti poput Njega?

Stoga se *Malchut*, četvrta faza, značajno razlikuje od prve tri faze jer želi primiti vrlo specifičnu vrstu zadovoljstva (otuda deblja strelica) – ono koje dobiva jednakošću sa Stvoriteljem. Iz Stvoriteljeve perspektive, želja *Malchuta* dovršava Misao stvaranja, ciklus koji je On od početka i imao na umu (slika 2).

Nažalost, na stvari ne gledamo iz perspektive Stvoritelja. Gledano odavde, odozdola, preko naših izlomljenih duhovnih naočala, slika nije idealna. *Kli* (osoba), u potpunosti suprotna Svjetlu, mora uporabiti svoju volju za primanjem s *namjerom* za davanje da bi postala poput Svjetla. Na taj način prestaje biti usredotočena na svoj osobni užitak i usmjerava se na užitak koji Stvoritelj dobiva davanjem. Tako *kli* također postaje davatelj.

Zapravo, primanje s namjerom davanja Stvoritelju dogodilo se već u trećoj fazi. Što se tiče Stvoriteljevih djelovanja, treća je faza već dovršila posao kada je riječ o postajanju jednakim Njemu. Stvoritelj daje s namjerom davanja a treća faza prima s namjerom dati. U tome su jednaki.

No najveće zadovoljstvo ne leži u znanju što Stvoritelj čini i u kopiranju Njegovih postupaka. Najveći je užitak u znanju *zašto* On čini ono što čini i u stjecanju istih *misli* kao On. A to, najviši dio stvaranja – Stvoriteljeva misao – nije data stvorenju. To je ono što stvorenje (četvrta faza) mora postići samo.

Ovdje postoji prekrasna povezanost. U jednu ruku, čini se kao da smo Stvoritelj i mi na suprotnim stranama terena, zato što On daje, a mi primamo. No, ustvari, Njegovo je najveće zadovoljstvo da budemo poput Njega, a naše najveće zadovoljstvo bilo bi postati kao On. Slično tomu, svako dijete želi postati poput roditelja, a svaki roditelj za svoju djecu prirodno želi postignuće čak i onih stvari u kojima on sam nije uspio.

Ispada da smo i mi i Stvoritelj zapravo u potrazi za istim ciljem. Kad bismo shvatili ovaj koncept, naši bi životi bili vrlo, vrlo drugačiji. Umjesto zbunjenosti i izgubljenosti koje mnogi od nas danas proživljavaju, zajedno sa Stvoriteljem bili bismo u stanju zajedno kretati se prema cilju zacrtanom još od zore stvaranja.

> *Kabalisti upotrebljavaju mnoge izraze za opisivanje volje za davanjem: Stvoritelj, Svjetlost, Davatelj, Misao stvaranja, Nulta faza, Korijen, Izvorišna faza, Keter, Bina... Slično tomu, mnogim nazivima opisuju volju primanjem: stvorenje, kli, primatelj, prva faza, Hochma i Malchut samo su neki od njih. Ti se nazivi odnose na fine razlike u dvjema karakteristikama – davanju i primanju. Ako to upamtimo, nećemo biti zbunjeni svim tim imenima.*

Da bi postao poput Stvoritelja, davatelj, *kli*, čini dvije stvari. Prvo, prestaje primati – radnja koja se naziva *tzimtzum* (ograničenje). Ona u potpunosti zaustavlja Svjetlost i ne dopušta joj ulazak u *kli*. Slično tomu, lakše je izbjeći pojesti nešto ukusno, ali nezdravo, nego pojesti samo malo i ostatak ostaviti na tanjuru. Stoga, činiti *tzimtzum* jest prvi i najlakši korak u postajanju poput Stvoritelja.

Zatim, *Malchut* postavlja mehanizam koji ispituje Svjetlost (užitak) i odlučuje hoće li ga primiti i, ako hoće, koliko. Taj mehanizam naziva se *masach* (zaslon). Uvjet pod kojim *masach* određuje koliko primiti naziva se »ciljanje prema davanju« (slika 3). Pojednostavljeno rečeno, *kli* uzima samo ono što može primiti s namjerom zadovoljavanja Stvoritelja. Svjetlost primljena u *kli* naziva se »Unutarnja Svjetlost«, a Svjetlost koja ostaje izvan naziva se »Okružujuća Svjetlost«.

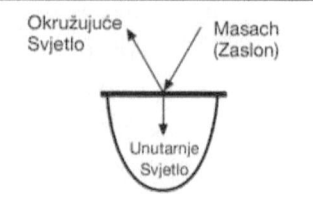

Slika 3: *Masach* je linija razdjelnica između Svjetlosti koju stvorenje može primiti ako ima namjeru za davanje Stvoritelju – Unutarnja Svjetlost- i Svjetlosti koju ne može primiti bez te namjere – Okružujuća Svjetlost.

Na kraju procesa korekcije, *kli* će primiti svu Stvoriteljevu Svjetlost i ujediniti se s Njim. To je svrha stvaranja. Kada dosegnemo to stanje, osjećat ćemo ga i kao pojedinci i kao jedno ujedinjeno društvo. U biti, cjeloviti *kli* nije sačinjen od želja jedne osobe, nego od želja čitavoga čovječanstva. Po dovršetku te posljednje korekcije, postat ćemo jednaki Stvoritelju. Četvrta faza bit će ispunjena i stvaranje će biti dovršeno iz naše perspektive, baš kao što je dovršeno iz Njegove.

Put

Kako bi izvršili zadatak postajanja nalik Stvoritelju, prva stvar koju si stvorenje treba osigurati jest prava okolina u kojoj će se razvijati i postati poput Stvoritelja. Taj okoliš nazivamo »svjetovima«.

U četvrtoj fazi, stvorenje je bilo razdvojeno na dva dijela: gornji i donji. Gornji dio gradi svjetove, a donji dio gradi stvorenja. Sve se to nalazi unutar tih svjetova. Grubo govoreći, svjetovi su građeni od želja gdje je *masach* dopustio Svjetlosti ulaz u četvrtu fazu, a stvorenje će biti građeno od želja u koje *masach* nije dopustio ulaz Svjetlosti.

Već znamo da je stvoreno sačinjeno samo od jedne tvari: volje za primanjem užitka i zadovoljstva. Stoga, gore i dolje se ne odnosi na mjesto, nego na želje prema kojima se *mi* odnosimo kao višima i nižima. Drugim riječima, više su želje one koje vrednujemo više od onih nižih. U slučaju četvrte faze, svaka želja koja se može upotrijebiti za davanje Stvoritelju u gornjem je dijelu, a želje koje se ne mogu upotrijebiti na taj način nalaze se u donjem dijelu.

Zato što postoji pet razina želja – nepokretna, vegetativna, pokretna (animalna), govorna i duhovna – svaka se razina analizira. Svjetove stvaraju želje s kojima se može raditi, a one s kojima se (još uvijek) ne može raditi, stvaraju stvorenje.

Prethodno u ovom poglavlju rekli smo da je predložak četiri faze osnova za sve što postoji. Stoga se svjetovi razvijaju po istom modelu po kojem su stvorene faze. Lijeva strana slike 4 daje uvid u sadržaj četvrte faze i ukazuje na podjelu na gornje i donje dijelove te na to da gornji dijelovi sadrže svjetove, a donji sadrže stvorenje.

Zato, pričajmo još o četvrtoj fazi i kako funkcionira s *masachom*. Ipak, četvrta faza smo mi pa, ako razumijemo kako radi, mogli bismo nešto naučiti o nama samima. Četvrta faza, *Malchut*, nije samo iskočila ni iz čega. Razvila se iz treće faze, koja se razvila iz druge faze itd. Slično tome, Abracham Lincoln nije se samo stvorio kao predsjednik. On je rastao od bebe Abea do djeteta pa mladića i tada do odrasle osobe koja je u konačnici postala predsjednik. No prethodne faze ne nestaju. Bez njih, predsjednik Lincoln ne bi postao predsjednik Lincoln. Razlog zbog kojeg ne vidimo prethodne faze je to što najrazvijenije razine uvijek dominiraju i zasjenjuju one manje razvijene. No zadnja, najviša razina, ne samo da osjeća sve razine u sebi nego i radi s tim razinama.

Iz tog se razloga ponekad osjećamo kao djeca, osobito kada su nam dotaknuta mjesta koja još nisu sazrijela. To je jednostavno zato što ta mjesta nisu prekrivena slojem odraslosti i ta mekana mjesta čine da se osjećamo nezaštićenima poput djece.

Ta višeslojna struktura omogućava nam da naposlijetku postanemo roditelji. U procesu odgoja djece, kombiniramo svoje sadašnje i prijašnje faze: razumijemo situacije koje naša djeca prolaze jer smo i sami imali slična iskustva. Prema tim se situacijama odnosimo sa znanjem i iskustvom koje smo prikupili tijekom godina.

Slika 4: Lijeva strana crteža usredotočava se na unutrašnju strukturu *Malchuta*, pokazujući je kao izvor svih duhovnih svjetova, kao i materijalnog svijeta.

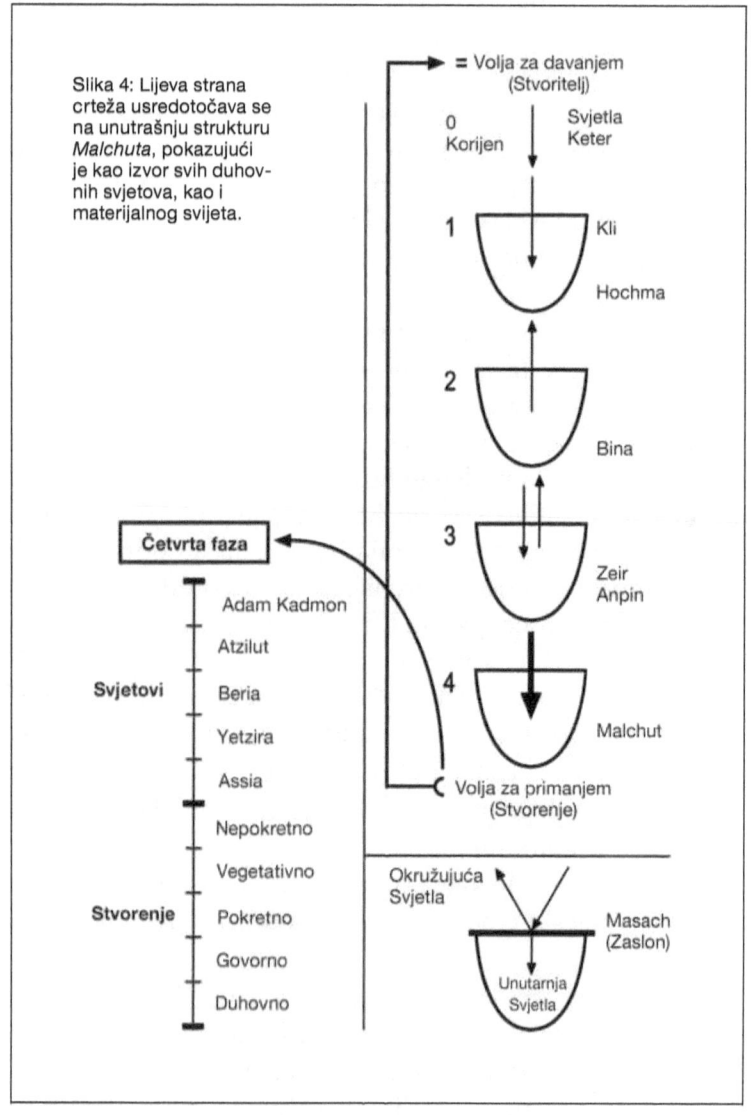

Razlog zašto smo tako građeni jest zato što je i *Malchut* (nazvan svojim uobičajenim imenom) građen na isti način. Sve prijašnje faze *Malchut* postoje u njoj samoj i pomažu u održavanju njezine strukture.

Kako bi postala što više nalik Stvoritelju, *Malchut* analizira svaku razinu želje unutar sebe te ih dijeli na želje s kojima se može i one s kojima se ne može raditi unutar svake razine. No djelatne želje neće biti upotrijebljene samo za primanje u svrhu davanja Stvoritelju. One će isto tako »pomoći« i u dovršavanju Njegova zadatka, odnosno učiniti *Malchut* nalik Njemu.

Nekoliko stranica prije rekli smo da zadatak postajanja poput Stvoritelja za stvorenje znači da ono mora stvoriti pravu okolinu za razvoj i postanak nalik Stvoritelju. To je točno ono što svjetovi – djelatne želje – čine. Željama s kojima se ne može raditi svjetovi »pokazuju« kako primiti u namjeri za davanjem Stvoritelju, i čineći to, pomažu *ne-djelatnim* željama ispraviti se.

Odnos između svjetova i stvorenja možemo zamisliti kao grupu graditelja gdje jedan od njih ne zna što mu je činiti. Svjetovi uče stvorenje demonstrirajući mu kako učiniti svaki zadatak: kako bušiti, kako upotrijebiti čekić, položaj itd. U slučaju duhovnosti, svjetovi pokazuju stvorenju što im je Stvoritelj dao i kako s tim rade na pravilan način. Malo po malo, i stvorenje može početi upotrebljavati svoje želje na isti taj način, zbog čega naše želje u ovom svijetu postupno izlaze na površinu, od najblaže do najintezivnije.

Želje su podijeljene na sljedeći način: svijet *Adam Kadmon* djelatni je dio nepokretne razine, a niži dio nepokretne razine, stvorenje, nedjelatni je dio. Zapravo, na nepokretnoj razini nema se što ispraviti zato što je nepokretna i ne upotrebljava svoje želje. Nepokretna razina (u oba dijela) samo je korijen svega što će slijediti.

Pored svega što smo do sada naučili, još uvijek ne znamo koji je od pet svjetova o kojima smo govorili naš svijet. Zapravo, nijedan od njih nije naš. Imajte na umu da nema »mjesta« u duhovnosti, samo stanja. Što je svijet viši, time predstavlja više altruistično stanje. Razlog zašto se naš svijet nigdje ne spominje je to što su duhovni svjetovi altruistični, a naš je svijet, kao i mi, egoističan. I zato što je egoizam suprotan altruizmu, naš je svijet isključen iz sustava duhovnih svjetova. Zato ga kabalisti ne spominju u strukturi koju su opisali.

Štoviše, svjetovi zapravo i ne postoje dok ih mi ne stvorimo na način da postajemo poput Stvoritelja. Razlog iz kojeg se o njima govori u prošlom vremenu je to što kabalisti, koji su se popeli iz našeg svijeta u duhovne svjetove, opisuju što su pronašli. Ako mi isto tako želimo pronaći duhovne svjetove, morat ćemo iznova stvoriti te svjetove unutar nas tako što ćemo postati altruistični.

Sljedeći svijet, *Atzilut,* djelatni je dio vegetativne razine čiji je niži dio, stvorenje, nedjelatni dio. Svijet *Beria* aktivni je dio pokretne razine, a njezin je niži dio, stvorenje, neaktivni dio. Svijet *Yetzira* djelatni je dio govorne razine, a niži dio govorne razine, stvorenje, neaktivni je dio. I na kraju, svijet *Assiya* aktivan je dio duhovne, najintezivnije razine želja; niži dio duhovne razine, stvorenje, neaktivni je dio.

Sada znate zašto će se, ako ispravimo čovječanstvo, sve drugo isto tako ispraviti. Zato pričajmo o nama i o onome što nam se dogodilo.

Adam ha Rishon – zajednička duša

Adam ha Rishon – zajednička duša (stvorenje), stvarni je korijen svega što se ovdje događa. To je struktura želja koje izviru čim je stvaranje duhovnih svjetova završeno. Kao što smo naveli, pet svjetova, *Adam Kadmon, Atzilut, Beria, Yetzira i Assiya* završavaju razvoj gornjeg djela četvrte faze. No niži se dijelovi još uvijek trebaju razviti. Drugim riječima, duša je sačinjena od neaktivnih želja koje nisu mogle primiti Svjetlost s namjerom davanja Stvoritelju u trenutku u kojem su bile stvorene. Sada one, jedna po jedna, trebaju izaći na površinu i biti ispravljene – djelatne – uz pomoć svjetova, djelatnih želja.

No baš kao i gornji dio četvrte faze, njezin je donji dio sastavljen od nepokretnih, vegetativnih, animativnih i govornih razina želja. *Adam ha Rishon* razvija se prema istim stupnjevima kao svjetovi i četiri osnovne faze. Ali Adamove su želje egoistične, egocentrične; zato i nije mogao primiti Svjetlost. Kao rezultat, mi, dijelovi Adamove duše, izgubli smo osjećaj cjelovitosti i jedinstva u kojima smo stvoreni.

Moramo razumjeti kako duhovni sustav radi. Stvoriteljeva je želja dati; On nas je zbog toga stvorio i zato nas održava. Kao što smo rekli, želja za primanjem egocentrična je po svojoj prirodi. Ona upija, dok je želja za davanjem nužno usmjerena van prema primatelju. Zato želja za primanjem ne može stvarati. Također je to razlog zašto Stvoritelj mora imati želju za davanjem, inače ne bi bio u stanju stvarati.

No zato što On želi dati, ono što On stvori nužno će htjeti primati, inače On ne bi bio u stanju dati. Stoga nas je On stvorio sa željom za primanjem i ni s čim više. To je važno razumjeti; ničega nema drugoga u nama osim želje za primanjem i nema ničega drugog što bi *trebalo* biti u nama osim želje za primanjem. Stoga, ako primimo od Njega, ciklus je dovršen. On je sretan i mi smo sretni. Točno?

Zapravo, i ne baš. Ako mi želimo samo primiti, onda se ne možemo dovesti u vezu s davateljem jer nema ništa u nama što se okreće prema van da vidi odakle dolazi primanje. Ispada da moramo imati želju za primanjem, no isto tako moramo *poznavati davatelja*, a za to trebamo želju za davanjem. Zato imamo prvu i drugu fazu.

Stvaranje nove želje koju Stvoritelj nije ugradio u nas nije način za stjecanje obje želje, one za primanjem i one za davanjem. Koji je pravi put? Trebamo gledati isključivo na užitak koji dajemo davatelju, bez obzira na užitak koji možemo i ne moramo iskusiti. To se naziva »namjera za davanjem«. To je srž ispravljanja i ono što ljudska bića pretvara iz egoista u altruiste. I napokon, nakon što steknemo tu kvalitetu, možemo se povezati sa Stvoriteljem. To je ono što nas duhovni svjetovi trebaju naučiti.

Dok ne osjetimo povezanost sa Stvoriteljem, smatramo se razbijenim dijelovima duše *Adam ha Rishon*, neispravljenim željama. U trenu kada budemo imali želju za davanjem, postajemo ispravljeni i povezani, s Kreatorom i čitavim čovječanstvom. Kada svi budemo ispravljeni, uzdići ćemo se ponovno do korijenske faze, čak iznad svijeta *Adam Kadmon*, do same Misli stvaranja, nazvane *Ein Sof* (bez kraja), zato što će naše ispunjenje biti beskonačno i vječno.

Ukratko

Misao stvaranja je dati zadovoljstvo i užitak stvaranjem stvorenja koje je slično svom stvoritelju. Ta Misao (Svjetlost) stvara volju za primanjem zadovoljstva i užitka.

Posljedično, volja za primanjem počinje željeti davati jer je davanje sličnije Stvoritelju, a to je očito i poželjnije. Volja za primanjem tada odlučuje primiti jer je to način za davanje užitka Stvoritelju. Nakon toga, volja za primanjem želi znati Misao koja ju je stvorila jer koji je veći užitak od znanja svega što se može znati? U konačnici, volja za primanjem (stvorenje) počinje primati s namjerom za davanjem jer je davanje čini sličnom Stvoritelju pa može proučavati Stvoriteljeve misli.

Želje koje mogu primiti u namjeri za davanjem stvaraju svjetove, koji se smatraju višim djelom kreacije, a želje koje ne mogu biti upotrebljene u svrhu davanja, sačinjavanju zajedničku dušu *Adam ha Rishon*. Te se želje smatraju nižim djelom kreacije.

Svjetovi i duša slične su građe, no oboje posjeduju različit intezitet želja. Zbog toga svjetovi mogu pokazati duši kako raditi u namjeri za davanjem i time pomoći *Adam ha Rishonu* da se ispravi.

Grubo govoreći, svaka se želja ispravlja u određenome svijetu: nepokretna razina ispravlja se u svijetu *Adam Kadmon*; vegetativna razina ispravlja se u svijetu *Atzilut*; životinjska razina ispravlja se u svijetu *Beria*; govorna razina ispravlja se u svijetu *Yetzira*; a želja za duhovnošću može se ispraviti samo u svijetu *Assiya*, najnižem dijelu koji je naš fizički svijet. To nas dovodi do naslova našeg sljedećeg poglavlja.

04. Naš svemir

Na početku prethodnog poglavlja napisali smo da je, prije nego je bilo što stvoreno, postojala Misao stvaranja. Ta misao stvorila je faze volje za primanjem od jedan do četiri, koje su stvorile svjetove od *Adam Kadmon* do *Assye*. Taj posljednji svijet stvara dušu *Adam ha Rishon* koja se raspala u mnoštvo duša koje imamo danas.

Vrlo je važno zapamtiti ovaj poredak stvaranja jer nas podsjeća da su se stvari razvijale od gore prema dolje, od duhovnog prema materijalnom, a ne obrnutim redom. Jednostavno rečeno, to znači da naš svijet stvaraju i vode duhovni svjetovi.

Štoviše, nema niti jednog događaja na našem svijetu koji se ne događa prvo gore. Jedina razlika između našeg svijeta i duhovnih svjetova jest ta da događaji u duhovnim svjetovima odražavaju altruistične namjere, a događaji u našem svijetu odražavaju egoistične namjere.

Zbog stepenaste strukture svjetova, naš se svijet naziva »svijetom rezultata« duhovnih procesa i događaja. Što god mi činili ovdje neće imati nikakav utjecaj na duhovne svjetove. Stoga, ako želimo promijeniti bilo što u našem svijetu, moramo se prvo popeti u duhovne svjetove, u »kontrolnu sobu« našeg svijeta i otamo utjecati na naš svijet.

Piramida

Kao što to biva u duhovnim svjetovima, i u našem svijetu sve se razvija u istih pet razina, od nulte do četvrte. Naš je svijet kao piramida. Na dnu je početak razvoja ovoga svijeta. To je neživa (nepokretna) razina, sačinjena od bilijun tona materije (crtež 5).

Izgubljena unutar ovih bilijuna tona materije, postoji malena mrlja koju nazivamo »Planet Zemlja«. I na toj Zemlji pojavila se biljna razina. Prirodno, vegetacija na Zemlji beskonačno je manja u masi nego neživa materija na Zemlji, te još više od toga u usporedbi s materijom cjelokupnog svemira.

Životinjska razina pojavila se nakon biljne i ima sićušnu masu čak i u usporedbi s vegetativnom razinom. Govorna razina, naravno, došla je zadnja i ima najmanju masu.

U posljednje je vrijeme nova razina odskočila od govornog stupnja. Naziva se »duhovna razina« ili »duhovnost«. (S obzirom na to da ovdje govorimo o geološkim vremenima, kada kažemo nedavno, mislimo da se to dogodilo u zadnjih nekoliko tisuća godina). Ne možemo pojmiti cjelokupnost Stvorenog, no ako pogledamo piramidu kreacije (na slici 5) i pomislimo na veličinu dvije susjedne razine, počet ćemo zaista razumijevati kako je osobita i mlada želja za duhovnošću. Zapravo, ako mislimo o vremenu u kojem postoji svemir – otprilike 15 milijardi godina – kao o jednom danu od 24 sata, potreba za duhovnošću pojavila se prije 0.0288 sekundi. U geološkoj terminologiji, to je upravo sada.

Stoga, s jedne strane što je želja veća, to je rjeđa (i mlađa). S druge strane, postojanje duhovne razine iznad ljudske, pokazuje da nismo završili svoju evoluciju. Evolucija je dinamičnija nego ikad, no budući da smo mi zadnja razina koja se pojavila, za nas je prirodno misliti da smo najviša razina. Mi jesmo na najvišoj, ali ne i posljednjoj razini. Samo smo na posljednjem od onih stupnjeva koji su se već pojavili.

Posljednja će razina upotrijebiti naša tijela kao domaćine, no sastojat će se od sasvim drugačijih načina razmišljanja, osjećaja i postojanja. To se već razvija u nama i naziva se »duhovna razina«.

Slika 5: Piramida stvarnosti također je piramida želja i vrijedi i za duhovne svjetove i za materijalni svijet.

Niti jedna fizička promjena ili nova vrsta (rasa) ljudi nije potrebna, samo unutrašnja promjena u našoj percepciji svijeta. To je razlog zašto je sljedeća faza tako varljiva; u nama je, zapisana u našem *reshimo* kao podaci na tvrdom disku. Ti će podaci biti učitani i tada izvršeni bez obzira na to jesmo li svjesni toga ili ne, no mi možemo učitati i izvršiti te podatke puno brže i uz veći užitak ako ga učitamo odgovarajućim »programom« – mudrošću kabale.

Kako na nebu, tako i na zemlji

Ako povučemo paralelu između zamaljskih faza i četiri osnovne faze svjetlosti, nepokretno doba odgovara fazi korijena, biljna era odgovara fazi jedan, životinjsko doba odgovara fazi dva, govorno doba odgovara fazi tri, a duhovno fazi četiri.

Užarena mladost planeta Zemlje trajala je nekoliko milijardi godina. Kada se ohladila, nastao je biljni život, gospodareći Zemljom milijunima narednih godina. No baš kao što je biljna razina puno uža na piramidi razvoja nego ona nepokretna, stvaranje vegetacije trajalo je kraće nego nepokretno razdoblje Zemlje.

Nakon dovršavanja vegetativne faze došla je pokretna (animalna – životinjska) faza. Kao i s prethodne dvije razine, životinjska je era bila puno kraća od vegetativne, što odgovara omjeru između biljnog i životinjskog stupnja na duhovnoj piramidi.

Ljudska faza, koja odgovara govornoj razini duhovne piramide, prisutna je tek zadnjih četrdesetak tisuća godina. Kada čovječanstvo dovrši svoj razvoj četvrtog (i posljednjega) stupnja, evolucija će biti završena i čovječanstvo će se ujediniti sa Stvoriteljem.

Četvrta faza počela je prije nekih pet tisuća godina, kada se po prvi puta pojavila točka u srcu. Kao i u duhovnom svijetu, ime čovjeka koji je prvi iskusio tu točku je Adam. On je bio *Adam ha Rishon* (Prvi Čovjek). Ime Adam dolazi od hebrejskih riječi *Adameh la Elyon* (Ja Ću Biti Kao Svevišnji) i odražava Adamovu želju da postane poput Stvoritelja.

U današnje vrijeme, na početku 21. stoljeća, evolucija dovršava svoj razvoj četvrte faze – želje za bivanjem poput Stvoritelja. To je razlog zašto sve više i više ljudi danas traži duhovne odgovore na svoja pitanja.

Uz ljestve

Kada kabalisti pričaju o duhovnom razvoju, govore o usponu uz duhovne ljestve. Iz tog razloga svoj komentar na *Zohar* kabalist Yehuda Ashlag naziva *Perush HaSulam (Obrazloženje Ljestava)*, prema kojem je i nazvan Baal HaSulam (Gospodar Ljestava). Ali ako se vratimo nekoliko stranica unazad, pronaći ćemo da »uz ljestve« zapravo znači »natrag korijenima«. To je zato što smo već bili gore, no sada moramo otkriti kako se samostalno vratiti nazad.

Korijen je naš konačni cilj; tamo smo krenuli. No da bismo tamo došli brže i mirnije, trebamo veliku želju za to – trebamo *kli*. Takva želja za duhovnošću može doći samo od Svjetlosti, od Stvoritelja, no da bi postala dovoljno snažna, treba biti pojačana putem okoline.

Razjasnimo to malo: ako želim komad kolača, zamislim kolač u svome umu, njegovu teksturu, boju, slatki miomiris i način na koji se topi u mojim ustima. Što više mislim o njemu, to ga više želim. U kabali bismo rekli da za mene »kolač sjaji Okružujućom Svjetlošću«.

Prema tome, da bismo željeli duhovnost, trebamo privući vrstu Okružujuće Svjetlosti koja će nas potaknuti na želju za duhovnim užicima. Što više Svjetlosti budemo prikupili, to ćemo brže napredovati. Želja za duhovnošću naziva se »uzdizanje MAN«, a tehnika za njezin razvoj istovjetna je podizanju želje za kolačem – zamišljam je, govorim o njoj, čitam o njoj, mislim o njoj i činim sve što mogu kako bih se usredotočio na nju. Ali najmoćnije je sredstvo za povećanje bilo koje želje društvena okolina. Okolinu možemo koristiti za pojačavanje vlastite želje za duhovnosti, vlastitog MAN, i na taj način ubrzati vlastiti napredak.

O okolini će biti više govora u šestome poglavlju, ali za sada je razmotrimo na sljedeći način: ako svatko oko mene želi govoriti o istoj stvari i postoji samo jedna stvar koja je »in«, suđeno mi je željeti je. U drugom poglavlju rekli smo da pojavljivanje *kli*, želje, tjera naš mozak na potragu za načinom punjenja našega *kli* Svjetlošću (*Ohr*), da ga zadovolji. Što je veći *kli*, veća je Svjetlost; što je veća Svjetlost, prije ćemo pronaći pravi put.

 Postoji li razlika između imenovanja Svjetlosti »Okružujuća Svjetlost« ili samo »Svjetlost«?

Različiti nazivi, »Okružujuća Svjetlost« i »Svjetlost«, odnose se na dvije funkcije istog svjetla. Svjetlo koje se ne smatra okružujućim je ono što osjetimo kao užitak, a dok je Okružujuće Svjetlo Svjetlost koja gradi naš kli, mjesto gdje će Svjetlost na kraju ući. Oboje je zapravo ista Svjetlost, no kada je iskusimo kao korigirajuće i izgrađujuće, nazivamo je »Okružujuća Svjetlost«. Kada je iskusimo kao užitak, nazivamo je«Svjetlost«.

Prije nego izgradimo kli, prirodno je da nećemo primiti Svjetlost. No Svjetlost je prisutna, okružuje naše duše kao što nas neprestano okružuje Priroda. Stoga, kada nemamo kli, Okružujuća ga Svjetlost gradi za nas, povećavajući našu želju za njim.

Još uvijek treba razjasniti kako Okružujuća Svjetlost izgrađuje naš *kli* i zašto se uopće to zove »Svjetlost«. Da bismo to razumjeli, trebali bismo prvo proučiti koncept koji se zove *reshimot*.

Duhovni Svjetovi i duša *Adam ha Rishon* razvili su se određenim redoslijedom. U svjetovima to su *Adam Kadmon, Azilut, Beria, Yetzira i Assya*; a u *Adam ha Rishon*, evolucija je imenovana po vrstama želja koje su se razvile – nepokretne, vegetativne, pokretne, govorne i duhovne.

Kao što ne zaboravljamo svoje djetinstvo, nego se oslanjamo na te prošle događaje u našim sadašnjim iskustvima, svaki završeni korak u procesu evolucije nije izgubljen, nego je zapamćen u našoj podsvjesnoj »duhovnoj memoriji«. Drugim riječima, u nama leži cjelokupna povijest našeg duhovnog razvoja, od doba kada smo bili jedno s Misli stvaranja do danas. Penjati se po duhovnoj ljestvici znači pamtiti stanja koja smo već iskusili ranije i otkrivati ta sjećanja.

Ta se sjećanja prikladno nazivaju *reshimot (sjećanje, zabilješka)* te svaki *reshimo (jednina od reshimot)*, predstavlja određeno duhovno stanje. Zato što se naš duhovni razvoj odvijao osobitim redoslijedom, sada naši *reshimot* izbijaju na površinu u nama istim tim redoslijedom. Drugim riječima, naša buduća stanja već su predodređena jer ne stvaramo ništa novo, samo se prisjećamo događaja koji su nam se već dogodili, ali ih nismo svjesni. Jedina stvar koju možemo odrediti, o kojoj ćemo poduže raspravljati u sljedećim poglavljima, jest koliko se brzo možemo penjati ljestvama. Što napornije radimo na penjanju uz njih, brže će se mijenjati ta stanja i brži će biti naš duhovni napredak.

Svaki je *reshimo* dovršen kada smo ga u potpunosti iskusili, i kada, poput lanca, jedan *reshimo* završava, drugi se pojavljuje. Sljedeći *reshimo* izvorno je stvoren od sadašnjeg *reshimo*, ali budući da sada idemo natrag uz ljestve, sadašnji *reshimo* pobuđuje svog izvornog stvoritelja. Stoga nikada ne bismo trebali očekivati da ćemo dovršiti naše sadašnje stanje kako bismo se mogli odmoriti jer, kada je sadašnje stanje dovršeno, odvest će nas do sljedećeg stanja u nizu sve dok ne dovršimo svoju korekciju.

Kada pokušamo postati altruistični (produhovljeni), brže dolazimo do svog korigiranog stanja zato što brže budimo *reshimot*. I budući su ti *reshimot* bilješke viših duhovnih iskustava, senzacije koje oni stvaraju u nama više su duhovne senzacije.

Kada se to dogodi, nejasno počinjemo osjećati povezanost, zajedništvo i ljubav koja postoji u tom stanju, dosta slično udaljenom, blijedom svjetlu. Što ga više pokušavamo dosegnuti, više mu se približavamo i ono jače sja. Štoviše, što je svjetlo jače, to je naša želja za njim jača i tako Svjetlost izgrađuje naš *kli*, našu želju za duhovnim.

Sada također vidimo da ime »Okružujuća Svjetlost« savršeno opisuje ono kako ga mi osjećamo. Dokle god ga nismo dostigli, vidimo ga kao izvanjsko koje privlači svojim zasljepljujućim obećanjem vječnog blagostanja.

Svaki put kada Svjetlost izgradi dovoljno velik *kli* za nas, kako bismo prešli na novu razinu, sljedeći *reshimo* dolazi i nova se želja budi u nama. Mi ne znamo zašto se naše želje mijenjaju i to iz razloga što su uvijek prisutni dijelovi *reshimot* iz viših razina u odnosu na našu sadašnju, čak i onda kada se to ne čini tako.

Tako, baš kao što se prethodni *reshimo* pojavio, dovodeći nas do našeg sadašnjeg stanja, sada nam se približava nova želja iz novog *reshimo*. To je način na koji mi nastavljamo svoj uspon uz ljestve. To je spirala *reshimot* i uzdizanja koja završavaju u svrsi stvaranja – korijenu naših duša, kada smo jednaki i ujedinjeni sa Stvoriteljem.

Želja za duhovnošću

 Različiti udarci za različite ljude
Jedina razlika među ljudima je način na koji doživljavaju užitak. Užitak je sam po sebi bezobličan, neopipljiv. Ali različito »odjeven« ili »presvučen«, stvara iluziju da postoje različite vrste užitka, kada zapravo postoji samo puno vrsta presvlaka.

Činjenica da je užitak u osnovi duhovan objašnjava zašto imamo podsvjesnu žudnju za zamjenom površne odore užitka željom za osjećanjem čistog, prirodnog oblika: Stvoriteljeve Svjetlosti.

I zato što nismo svjesni da se ljudi međusobno razlikuju po odjeći užitaka koje žele, mi ih sudimo prema odjeći koju preferiraju. Određene presvlake užitka smatramo legitimnima, kao što su ljubav prema djeci, dok se druge, kao što su droge, smatraju neprihvatljivima. Kada u sebi osjećamo pojavu neprihvatljive odjeće užitka, prisiljeni smo suzbiti i sakriti svoju želju za tom odjećom. No skrivanjem želje ona neće nestati, i zasigurno neće biti ispravljena.

Kao što smo objasnili, niži dio četvrte faze je bit duše *Adam ha Rishon*. Baš kao što su svjetovi izgrađeni prema rastućim željama, Adamova duša (čovječanstvo) razvila se kroz pet faza: nula (nepokretna) do četiri (duhovna).

Kada se svaka faza pojavljuje, čovječanstvo je iskusi u potpunosti dok se ne iscrpi. Tada, pojavi se sljedeća razina želja, prema slijedu *reshimot* ugrađenih u nama. Do danas smo već iskusili sve *reshimot* svih želja od nepokretnih do govornih. Sve što je ostalo za zaključivanje evolucije čovječanstva jest iskušavanje duhovnih želja u potpunosti. Tada će biti postignuto naše sjedinjenje sa Stvoriteljem.

Zapravo, pojava želja pete razine počela je u 16. stoljeću, prema opisu kabalista Isaaca Lurije (Ari), ali danas svjedočimo pojavi najintezivnije vrste želja unutar pete razine – duhovno unutar duhovnog. Štoviše, svjedočimo toj pojavi u ogromnom broju, kada milijuni ljudi na svijetu traže duhovne odgovore na svoja pitanja.

Kako su *reshimot* koji danas izranjaju bliži duhovnom nego ikad prije, primarno je pitanje koje ljudi postavljaju o svojem porijeklu, svojim korijenima! Iako većina njih ima krov nad glavom i zarađuje dovoljno za svoje uzdržavanje i za uzdržavanje svoje obitelji, ipak se pitaju o tome odakle su došli, po čijem planu i s kojom svrhom. Kada nisu zadovoljni odgovorima koje im nude religije, traže ih u drugim disciplinama.

Glavna razlika između četvrte faze i svih drugih faza jest ta da se u ovoj fazi mi moramo svjesno razvijati. U prijašnjim fazama, uvijek je Priroda bila ta koja nas je poticala na kretanje iz faze u fazu. To je činila na način da nas pritisne dovoljno da se osjećamo toliko neugodno u svom sadašnjem stanju da to moramo promijeniti. Na ovaj način Priroda razvija sve svoje dijelove: ljudske, životinjske, biljne pa čak i nežive.

S obzirom na to da smo prirodno lijeni, kretat ćemo se iz jedne faze u drugu samo ako pritisak postane nepodnošljiv. U suprotnom, ne bismo pomaknuli niti prstom. Logika je jednostavna: ako mi je dobro tu gdje jesam, zašto bih se micao?

No Priroda ima drugi plan. Umjesto da nam dopusti da ostanemo spokojni u svojem sadašnjem stanju, želi da se razvijamo dok ne dostignemo njezinu razinu, razinu Stvoritelja. To je svrha stvaranja.

Tako imamo dvije opcije: mogli bismo izabrati razvoj kroz bolni pritisak Prirode, ili bismo se mogli razvijati bez bola kroz sudjelovanje u razvoju svoje svijesti. Ostanak u nerazvijenom stanju nije opcija jer to nije bio dio plana Prirode kada nas je stvarala.

Kada se naša duhovna razina počne razvijati, to se može dogoditi samo ako *želimo* njezin razvitak i dostizanje istog stanja kao što je Stvoriteljevo. Isto kao četvrta faza u četiri faze, od nas se sada traži *dobrovoljno* mijenjanje naših želja.

Stoga će Priroda nastaviti sa svojim pritiskom na nas. Nastavit će nas pogađati uragani, potresi, epidemije, terorizam i razne druge prirodne i ljudski uzrokovane pošasti dok ne shvatimo da se *moramo* promijeniti i svjesno vratiti svojim korijenima.

Da ponovimo: naši duhovni korijeni razvili su se po fazama od nula do četiri; faza četiri razdvojila se na svjetove (njezini gornji dijelovi) i duše (njezini donji dijelovi). Duše – skupljene u zajedničku dušu *Adam ha Rishon* – raspale su se i izgubile svoj osjećaj jedinstva sa Stvoriteljem. To slamanje Adama ha Rishona dovelo je čovječanstvo do sadašnjega stanja, s nevidljivom barijerom koja dijeli duhovne svjetove (iznad nje) od našeg svijeta (ispod nje).

Ispod barijere, duhovna sila stvorila je materijalnu česticu koja se počela razvijati. To je bio Veliki Prasak.

Imajte na umu da, kada govore o duhovnim svjetovima i o materijalnom, fizičkom svijetu, kabalisti misle na altruistične ili egoistične značajke. Oni *nikada* ne kazuju o svjetovima koji zauzimaju fizički prostor u nekom neotkrivenom svemiru.

Ne možemo uzeti svemirski brod i odletjeti u svijet *Yetzira*, naprimjer, ili pak otkriti duhovno mijenjanjem svojeg ponašanja. Možemo ga otkriti samo ako postanemo altruistični – slični Stvoritelju. Kada to učinimo, otkrit ćemo da je Stvoritelj u nama i da je oduvijek bio tu, čekajući nas.

Svi stupnjevi osim zadnjeg razvijaju se bez svjesnosti »sebe«. U uvjetima naše osobne svjesnosti, činjenica da postojimo ne znači da smo svjesni vlastita postojanja. Prije nego dosegnemo četvrti stupanj, mi jedva da postojimo. Drugim riječima, živimo svoje živote što ugodnije, no svoje postojanje uzimamo zdravo za gotovo, bez da se pitamo o njegovoj svrsi.

No je li to zaista toliko očito? Minerali postoje kako bi se biljke mogle hraniti njima i kako bi mogle rasti; biljke postoje kako bi se životinje hranile njima i kako bi rasle; minerali, biljke i životinje postoje kako bi se ljudi hranili njima i rasli. No koja je svrha ljudskog postojanja? Sve nas razine služe, ali čemu ili kome mi služimo? Sebi? Svojem egu? Kada prvi put postavimo ta pitanja, početak je to našeg svjesnog razvoja – pojavljivanje želje za duhovnim. To se naziva »točka u srcu«.

U zadnjem razvojnom stupnju, počeli smo razumijevati procese kojih smo dio. Jednostavno rečeno, počeli smo stjecati logiku Prirode. Što više razumijemo njezinu logiku, to više širimo vlastitu svijest i stapamo se s njom. Na kraju, kada smo u potpunosti ovladali prirodnom logikom, shvatit ćemo kako Priroda funkcionira, čak ćemo moći naučiti i upravljati njome. Taj se proces pojavljuje isključivo na zadnjoj razini, na razini duhovnog uzdizanja.

Moramo uvijek imati na umu da bi se zadnja razina ljudskog razvoja trebala odvijati svjesno i voljno. Bez izrazite želje za duhovnim rastom, ne može se dogoditi nikakav duhovni razvoj. Napokon, duhovni razvoj odozgora prema dolje već se zbio. Spušteni smo dolje kroz četiti faze Svjetla i pet svjetova *Adam Kadmon, Atzilut, Beria, Yetzira i Assiya* te smo u konačnici smješteni ovdje u ovaj svijet.

Ako se sada želimo popeti nazad uz duhovne ljestve, moramo to *izabrati*. Ako zaboravimo da postati kao Stvoritelj za nas predstavlja svrhu stvaranja, nećemo shvatiti zašto nam Priroda ne pomaže – a ponekad čak i stavlja prepreke na naš put.

No ako, u drugu ruku, na umu držimo samo cilj Prirode, osjetit ćemo da je naš život fascinantno putovanje otkrivanja, duhovna potraga za blagom. Štoviše, što aktivnije sudjelujemo u ovom putovanju kroz život, to ćemo brže i lakše dolaziti do tih otkrića. Još bolje, teškoće će se osjetiti kao pitanja na koja moramo odgovoriti, umjesto teškoća kojima se moramo suprotstaviti u svojim životima. Zato je bolje napredovati svjesno nego tek kada nas Priroda bolno natjera!

Ako imamo želju duhovno se razviti, onda imamo pravi *kli* za to; a nema boljeg osjećaja od ispunjenoga *kli*, ispunjene želje.

No potreba za duhovnošću treba doći prije duhovnog ispunjenja. Pripremanje *kli* ispred Svjetlosti nije samo jedini način uspona u četvrtu fazu; to je i jedini način u kojem nema boli i zakinutosti.

Zapravo, ako razmislimo o tome, nema ništa prirodnije nego prvo pripremiti *kli*. Ako želim piti vodu, onda je voda moja svjetlost, moj užitak. Prirodno je: kako bih pio vodu, moram se prvo pripremiti (*kli*), što je u ovom slučaju žeđ. Isto se odnosi na sve ostalo što želimo primiti na ovome svijetu. Ako je novi automobil moja svjetlost, tada je moja želja za njim moj *kli*. Taj me *kli* tjera da radim za taj automobil i brine se da ne potratim sav novac na druge hirove.

Jedina razlika između duhovnog i fizičkog *kli* jest ta da ja ne znam što ću dobiti od duhovnog *kli*. Mogu zamisliti brojne stvari, no s obzirom na barijeru između moga sadašnjega stanja i moga željenoga cilja, nikada ne mogu uistinu znati kakav će moj cilj biti dok ga zaista ne dostignem. Kada ga dostignem, veći je nego bilo što što sam ikada mogao zamisliti; no nikada neću znati koliko je velik dok ga zaista ne dosegnem. Kada bih znao unaprijed koja mi je nagrada, to ne bi bila prava altruističnost, nego zamaskirani egoizam.

Ukratko

Fizički se svijet razvija prema istim stupnjevima kao i duhovni svijet, kroz piramidu želja. U duhovnome svijetu, želje (nežive, vegetativne, pokretne, govorne i duhovne) stvaraju svjetove

Adam Kadmon, Atzilut, Beria, Yetzira i Assiya. U fizičkom svijetu, one čine minerale, biljke, životinje i ljude s »točkama u svojim srcima«.

Fizički svijet stvoren je nakon rasula duše *Adam ha Rishon*. U tom stadiju, počele su se pojavljivati sve želje, jedna po jedna; od lagane do teške, od nežive do duhovne; stvarajući naš svijet fazu po fazu. Danas, na početku 21. stoljeća, svi su stupnjevi dovršeni osim potrebe za duhovnim, koji se pojavljuje sada. Kada je ispravimo, ujedinit ćemo se sa Stvoriteljem jer je naša potreba za duhovnošću ustvari potreba za ujedinjenjem s Njim. To će biti vrhunac razvojnog procesa svijeta i čovječanstva.

Povećavajući želju za povratkom duhovnim korijenima, mi gradimo duhovni *kli*. Okružujuća Svjetlost korigira *kli* i razvija ga. Svaki novi stupanj razvoja budi novi *reshimo*, zapis prošlog stanja koje smo već iskusili kada smo bili ispravljeniji. U konačnici, Okružujuća Svjetlost ispravlja cijeli *kli* i duša *Adam ha Rishon* spaja se sa svim svojim rasutim djelovima i sa Stvoriteljem.

Ali taj proces vodi do pitanja; ako je *reshimot* zapisan u meni i ako se stanja pobuđuju i proživljavaju također u meni, gdje je onda objektivna stvarnost svega toga? Ako druga osoba ima drugi *reshimot*, znači li to da on ili ona živi u drugačijem svijetu od moga? I što je s duhovnim svjetovima, gdje oni postoje, ako sve postoji u meni? Štoviše, gdje je Stvoriteljev dom? Nastavite čitati, sljedeće će poglavlje odgovoriti na sva ova pitanja.

05. Čija je stvarnost stvarna?

> *Svi svjetovi, viši i niži,*
> *nalaze se unutra.*
>
> Yehuda Ashlag

Od svih neočekivanih koncepata koji se nalaze u kabali, nema niti jednog tako nepredvidivog, nerazumnog, no tako profinjenog i fascinantnog kao što je koncept stvarnosti. Da nije bilo Einsteina i kvantne fizike, koja je revolucionalizirala način na koji razmišljamo o stvarnosti, ovdje prikazane ideje bile bi odbačene i ismijane.

U prethodnom poglavlju rekli smo da do evolucije dolazi zato što naša želja za primanjem raste od korijenske do četvrte razine. No ako su naše želje pokretale evoluciju našeg svijeta, postoji li zapravo svijet izvan nas? Može li biti da je svijet oko nas samo priča u koju *želimo* vjerovati? Rekli smo da je stvaranje počelo s Mišlju stvaranja, koja je stvorila četiri osnovne faze Svjetlosti. Te faze uključuju deset *sefirot*: Keter (nulta faza), Hochma (prva faza), Bina (druga faza), Hesed, Gevura, Tifferet, Netzah, Hod i Yesod (sve one čine treću Fazu – Zeir Anpin), i Malchut (četvrta faza).

Knjiga Zohar, knjiga koju proučava svaki kabalist, kaže kako se sva stvarnost sastoji samo od deset *sefirot*. Sve je sačinjeno od građe tih deset *sefirot*. Jedina razlika među njima je koliko su duboko uronjeni u našu supstanciju – želju za primanjem.

Da biste razumjeli što kabalisti misle kada kažu »oni su uronjeni u našu supstanciju«, zamislite oblik, recimo loptu, utisnutu u plastelin ili neku drugu vrstu gline za modeliranje. Oblik predstavlja grupu od deset *sefirot*, a glina predstavlja nas, ili naše duše. Čak i ako loptu utisnemo duboko u glinu, sama lopta se neće promijeniti. No što dublje lopta uranja u glinu, to je više mijenja.

Kakav je to osjećaj kada su igrači grupa od deset *sefirot* i duše? Jeste li ikada odjednom zamijetili nešto što je oduvijek bilo oko vas, no određeno obilježje toga je izmicalo vašoj pažnji? To je slično doživljaju deset *sefirot* koji uranjaju samo još malo više u volju za primanjem. Jednostavno rečeno, kada najednom shvatimo nešto što nismo shvaćali ranije, to je zato što se deset *sefirot* utisnulo još malo dublje u nas.

Kabalisti imaju ime za volju za primanjem – *aviut*. *Aviut* zapravo znači debljina, a ne želja. No upotrebljavaju ovaj termin jer, čim je veća želja za primanjem, to joj se dodaje više slojeva.

Kao što smo rekli, želja za primanjem, *aviut*, sastoji se od pet osnovnih stupnjeva – 0, 1, 2, 3, 4. Kako deset *sefirot* uranja dublje u stupnjeve (slojeve) *aviuta*, oni stvaraju različite kombinacije ili mješavine želje za primanjem sa željom za davanjem. Te kombinacije čine sve što postoji: duhovne svjetove, fizičke svjetove i sve unutar njih.

Varijacije u našoj supstanciji (volji za primanjem) stvaraju naše alate za percepciju, zvane *kelim* (množina od *kli*). Drugim riječima, svaki oblik, boja, miris, misao – sve što postoji – tu je zato što u meni postoji odgovarajući *kli* za percepciju istoga.

Baš kao što naši mozgovi upotrebljavaju slova abecede kako bi proučavali ono što ovaj svijet ima za ponuditi, naši *kelim* upotrebljavaju deset *sefirot* kako bi proučavali ono što duhovni svjetovi nude. I kao što proučavamo ovaj svijet pod određenim ograničenjima i pravilima, za proučavanje duhovnih svjetova trebamo znati pravila koja oblikuju te svjetove.

Kada proučavamo nešto u fizičkome svijetu, moramo pratiti određena pravila. Naprimjer, kako bi se nešto smatralo istinitim, mora biti iskustveno ispitano. Ako testovi pokažu da to radi ili djeluje, smatra se točnim, dok netko ne pokaže – kroz testiranja, ne riječi – da to ne radi ili ne djeluje. Prije nego što je nešto ispitano, nije ništa drugo doli teorija.

Duhovni svjetovi također imaju granice – točnije rečeno, njih tri. Ako želimo dostići svrhu stvaranja i postati poput Stvoritelja, moramo se držati tih ograničenja.

Tri ograničenja u učenju kabale
Prvo ograničenje – što percipiramo

U svom predgovoru *Knjizi Zohar*, kabalist Yehuda Ashlag piše da postoje »četiri kategorije percepcije – materija, forma u materiji, apstraktna forma i esencija«. Kada proučavamo duhovnu Prirodu, naš je posao raspoznati koja nam od ovih kategorija daje čvrste informacije na koje se možemo osloniti, a koje nam to ne mogu ponuditi.

Zohar je odlučio objasniti samo prve dvije kategorije. Drugim riječima, svaka pojedina riječ napisana je iz perspektive materije ili forme u materiji, bez ijedne jedine riječi iz perspektive apstraktne forme ili esencije.

Drugo ograničenje – gdje percipiramo

Kao što smo prije rekli, srž duhovnih svjetova naziva se »duša *Adam ha Rishon*«. Tako su duhovni svjetovi stvoreni. No mi smo već prošli stvaranje tih svjetova i sada smo na putu prema višim razinama, iako se to ne osjeća uvijek kao takvo. U našem stanju, Adamova duša već se razbila na dijelove. *Zohar* nas uči da je velika većina dijelova, točnije, 99 posto, raštrkano kroz svjetove *Beria, Yetzira i Assiya* (BYA), a ostatak od jednoga postotka uzdigao se do svijeta *Atzilut*.

Budući da Adamova duša čini sadržaj svjetova BYA i raštrkana je kroz te svjetove, budući da smo mi svi dio te duše, očito je da sve što poimamo mogu biti samo dijelovi tih svjetova. Sve što osjetimo da dolazi iz viših svjetova od BYA, kao što su *Atzilut i Adam Kadmon*, prema tome je netočno, činilo se to nama tako ili ne. Sve što mi možemo pojmiti od svjetova *Atzilut i Adam Kadmon* njihovi su odbljesci, koje vidimo kroz filtere svjetova BYA.

Naš je svijet na najnižem stupnju svjetova BYA. Ustvari, ovaj stupanj u potpunosti je suprotne prirode od ostatka duhovnih svjetova te ih zbog toga i ne osjećamo. To je kao kada dvoje ljudi stoje jedno nasuprot drugog okrenuti leđima i idu u suprotnim smjerovima. Koje su njihove šanse da će se ikada sresti?

No kada se ispravimo, otkrivamo kako već živimo u svjetovima BYA. U konačnici, kroz njih ćemo se uzdići čak do *Atziluta* i do *Adama Kadmona*.

Treće ograničenje – tko percipira

Iako *Zohar* ide i u najmanje detalje što se tiče sadržaja svakog svijeta i onoga što se događa u njima, kao da je to fizičko mjesto gdje se te stvari odvijaju, zapravo se osvrće samo na iskustva duša. Drugim riječima, to se odnosi na stvari kako ih *poimaju* kabalisti, koji ih prenose na način da ih i mi možemo iskusiti. Stoga, kada u *Zoharu* čitamo o događajima u svjetovima BYA, zapravo učimo o tome kako je Rabbi Shimon Bar-Yochai (autor knjige *Zohar*) poimao duhovna stanja, koja je ispričao njegov sin, Rabbi Abba.

Također, kada kabalisti pišu o svjetovima iznad BYA, zapravo ne pišu točno o tim svjetovima, nego onako *kako su pisci* percipirali te svjetove BYA tijekom svog boravka u njima. I zato što kabalisti pišu o svojim iskustvima, postoje sličnosti i različitosti u kabalističkim spisima. Neke stvari o kojima pišu odnose se na generalnu strukturu svjetova, kao što su imena *sefirot* i svjetova. Druge se stvari odnose na osobna iskustva iz tih svjetova.

Naprimjer, ako kažem prijatelju o svom putu u New York; mogu pričati o Times Squareu ili o velikim mostovima koji spajaju Manhattan s kopnom. Ali također mogu pričati i o tome kako sam bio zapanjen vozeći se preko masivnog Brooklyn Bridgea, koji je osjećaj stajati usred Times Squarea, uronjen u sjaj svjetala, boja i zvukova te o osjećaju potpune anonimnosti. Razlika između prva dva i posljednja dva primjera jest ta da ja iznosim osobna iskustva i u prva dva pričam o utiscima koje bi svatko iskusio dok se nalazi u Manhattanu, iako bi ih svatko iskusio na sebi svojstven način.

Kada smo govorili o prvom ograničenju, rekli smo da *Zohar* govori samo iz perspektive materije i forme u materiji. Rekli smo da je materija volja za primanjem, a forma u materiji je namjera zbog koje volja za primanjem zapravo i prima – za mene ili za druge. Jednostavnije rečeno: materija = volja za primanjem; forma = namjera.

Vrlo je bitno zapamtiti da Zohar ne smijemo tretirati kao izvještaj mističnih događaja ili kao zbirku pripovjedaka. Zohar bi se, kao i sve druge knjige o kabali, trebao upotrebljavati kao alat za učenje. To znači da će vam knjiga pomoći samo ako želite iskusiti ono što ona opisuje. Inače, knjiga bi vam bila od malo pomoći i ne biste je razumjeli.

Zapamtite ovo: pravilno razumijevanje kabalističkih tekstova ovisi o vašoj namjeri dok ih čitate, o razlogu zašto ste ih otvorili; a ne o snazi vašeg intelekta. Taj tekst će djelovati na vas samo ako se želite transformirati u altruistične kvalitete koje tekst opisuje.

Forma davanja u i od sebe naziva se »svijet *Atzilut*«. Davanje u svojoj apstraktnoj formi osobina je Stvoritelja; uopće nije vezana uz stvorenja, koja su primatelji po svojoj prirodi. No stvorenja (ljudi) *mogu* omotati svoju volju za primanjem u *formu* davanja, tako da sliči na *davanje*. Drugim riječima, možemo primati i, čineći tako, zapravo postati davatelji.

Postoje dva razloga zašto ne možemo jednostavno dati:
1. Za davanje mora postojati netko tko želi primiti. No osim nas (duša), postoji samo Stvoritelj, koji nema potreba za primanjem, budući da je Njegova priroda davanje. Stoga, davanje nije mogući izbor za nas.
2. Nemamo želju za tim. Ne možemo dati jer smo sačinjeni od volje za primanjem; primanje je naša osnova, naša materija.

Drugi je razlog mnogo kompleksniji nego što se na prvi pogled čini. Kada kabalisti pišu da mi želimo samo primati, ne misle da je primanje sve što činimo, nego da je to motivacija svega što činimo. Oni to opisuju vrlo jednostavno: Ako nam ne donosi zadovoljstvo, ne možemo to učiniti. Nije samo da mi to ne želimo; mi to doslovno ne možemo. Tako je zato što nas je Stvoritelj (Priroda) stvorio samo s voljom za primanjem, zato što sve što On želi jest dati. Stoga ne trebamo mijenjati svoje postupke, nego samo motivaciju za njih.

Percepcija stvarnosti

Brojnim izrazima pokušavamo opisati razumijevanje. Za kabaliste, najdublja razina razumijevanja naziva se »postignuće«. S obzirom na to da proučavaju duhovne svjetove, njihov je cilj dostizanje »duhovnog postignuća«. Postignuće se odnosi na vrlo profinjeno i detaljno razumijevanje onog što se poima, tako da ne ostavlja pitanja. Kabalisti pišu da ćemo na kraju ljudskog razvoja steći Stvoritelja u stanju nazvanom »jednakost forme«.

Za dostizanje tog cilja, kabalisti pažljivo opisuju koje dijelove stvarnosti bismo trebali proučavati, a koje ne. Kako bi odredili ta dva puta, kabalisti prate vrlo jednostavan princip: ako nam nešto pomaže naučiti brže i točnije, onda to trebamo proučavati. Ako nije tako, ne trebamo to proučavati.

Kabalisti općenito, a osobito *Zohar*, upozoravaju da proučavamo one dijelove koje možemo pojmiti s potpunom sigurnošću. Gdje god je umiješano nagađanje, ne trebamo gubiti vrijeme jer naše će stjecanje duhovnoga postati upitno.

Kabalisti govore o četiri kategorije percepcije – materija, forma u materiji, apstraktna forma i esencija – mi možemo percipirati samo prve dvije sa sigurnošću. Iz tog razloga, sve o čemu *Zohar* piše su želje (materija) i način na koji ih upotrebljavamo: za sebe ili za Stvoritelja.

Kabalist Yehuda Ashlag je napisao: »Ako čitatelj ne zna kako biti razborit s ograničenjima i stvari izvlači iz konteksta, on ili ona odmah će postati zbunjeni.« To se može dogoditi ako ne ograničimo svoje učenje na materiju ili formu u materiji.

Moramo shvatiti da u duhovnosti nema takve stvari kao što je »zabrana«. Kada kabalisti nešto nazovu »zabranjenim«, to znači samo da je nemoguće. Kada kažu da ne bismo trebali proučavati apstraktne forme i esenciju, to ne znači da će nas udariti grom ako to učinimo. To znači da ne možemo proučavati te kategorije iako to zaista želimo.

Yehuda Ashlag upotrebljava elektricitet kako bi objasnio zašto je esenciju nemoguće percipirati. On kaže da elektricitet možemo upotrijebiti na puno različitih načina: za grijanje, hlađenje, puštanje glazbe i gledanje videa. Elektricitet može biti uobličen u punoj formi; ali možemo li izraziti esenciju samog elektriciteta?

Upotrijebimo još jedan primjer kako bismo objasnili četiri kategorije – materiju, formu u materiji, apstraktnu formu i esenciju. Kada kažemo da je osoba snažna, zapravo se osvrćemo na materiju – tijelo te osobe, i formu koja obuhvaća njegovu ili njezinu materiju – snagu.

Ako otklonimo formu snage iz materije (tijelo te osobe), i proučimo formu snage odvojeno, neodjevenu u materiju, to bi bilo proučavanje apstraktne forme snage. Četvrta kategorija, esencija same osobe, u potpunosti je nedostižna. Jednostavno ne posjedujemo osjetila potrebna za »proučavanje« esencije i za njezino prikazivanje u vidljivoj formi. Posljedica toga je da esencija nije nešto što trenutno ne poznajemo; nego je nešto što *nikada* nećemo upoznati.

Zašto je toliko bitno fokusirati se samo na prve dvije kategorije? Problem je u tome što, kada se radi o duhovnosti, ne znamo kada smo zbunjeni. Stoga nastavljamo u istom smjeru i udaljavamo se od istine.

U materijalnom svijetu, ako znam što želim, mogu vidjeti dobivam li to ili ne; ili barem jesam li na pravom putu za dobivanje toga. To nije slučaj s duhovnošću. Tamo, kada griješim, ne samo da ne dobivam ono što želim nego i gubim svoj trenutni duhovni stupanj; Svjetlost slabi i ja postajem nesposoban ponovno se pravilno usmjeriti bez pomoći vodiča. Zato je toliko bitno razumjeti tri ograničenja i pratiti ih.

Nepostojeća stvarnost

Sada kada razumijemo što možemo proučavati, a što ne, pogledajmo što to zapravo proučavamo svojim osjetilima. Osobitost kabalista je da niti jedan kamen ne ostavljaju neprevrnut. Yehuda Ashlag, koji je proučavao cjelokupnu stvarnost da bi nama mogao pričati o tome, napisao je kako mi ni ne znamo što postoji izvan nas. Naprimjer, nemamo pojma što je izvan naših ušiju, što to tjera naše bubnjiće da proizvedu zvuk. Sve što znamo tek je naša reakcija na vanjske stimulanse.

Čak i imena kojima nazivamo te fenomene nisu povezana sa samim fenomenom, nego s našom reakcijom na njih. Najvjerojatnije nismo svjesni puno stvari koje se događaju u svijetu. One mogu proći neprimijećene od strane naših čula zato što se vežemo samo za fenomene koje možemo pojmiti. Iz tog razloga, prilično je očito zašto ne možemo percipirati esenciju bilo čega što se nalazi izvan nas; možemo proučavati samo vlastite reakcije na to.

To pravilo percepcije ne odnosi se samo na duhovne svjetove; to je zakon cjelokupne Prirode. Takav odnos sa stvarnošću istog nas trenutka dovodi do spoznaje da sve što vidimo zapravo nije ono što postoji. To razumijevanje izuzetno je bitno u postizanju duhovnog napretka.

Kada promatramo svoju stvarnost, počinjemo otkrivati stvari kojih nikada nismo bili svjesni. Interpretiramo stvari koje se odvijaju u nama kao da se one događaju izvan nas. Mi ne znamo stvarne izvore događaja koje prolazimo, nego *osjećamo* da se oni odvijaju izvan nas. No nikada ne znamo je li to sigurno tako.

Kako bismo se prema stvarnosti odnosili na pravi način, ne smijemo misliti da je ovo što percipiramo *»stvarna«* slika. Sve što percipiramo jest kako događaji (forme) djeluju na našu percepciju (našu materiju). Štoviše, ono što mi percipiramo nije ono što je vani, objektivna slika, nego naša osobna reakcija na nju. Ne možemo reći ni jesu li, i do koje granice forme koju osjećamo, povezane s apstraktnim formama s kojima ih povezujemo. Drugim riječima, činjenica da mi vidimo crvenu jabuku crvenom, ne mora značiti da je ona zapravo crvene boje.

Zapravo, ako pitate fizičare, oni će vam reći da je jedina istinita izjava koju možete reći o crvenoj jabuci ta da ona nije crvena. Ako se sjećate kako masach (zaslon) radi, onda znate da ono prima što može primiti u namjeri za davanjem Stvoritelju, dok ostalo odbacuje.

Slično tome, boja objekta određena je svjetlosnim valovima koje osvijetljeni objekt ne može apsorbirati. Ne vidimo boju samoga objekta, nego svjetlo koje je objekt odbio. Prava boja objekta je svjetlo koje je objekt apsorbirao; ali zato što je apsorbirao to svjetlo, ono ne može doći do našeg oka i stoga ga ne možemo vidjeti. Zato je prava boja crvene jabuke svaka druga osim crvene.

Ovako Ashlag, u predgovoru knjige *Zohar* opisuje naš nedostatak percepcije esencije: »Poznato je da ono što ne možemo osjećati, ne možemo ni zamisliti; ono što ne možemo osjetiti također ne možemo zamisliti. ... Iz toga slijedi da misao uopće nema percepciju esencije.«

Drugim riječima, zbog toga što ne možemo osjetiti esenciju, bilo koju esenciju, također je ne možemo ni percipirati. No koncept koji ostavlja mnoge studente kabale u potpunosti zbunjenima kada prvi puta čitaju Ashlagov predgovor jest koliko mi malo znamo o sebi. Evo što Ashlag piše što se tiče toga: »Štoviše, mi čak ne poznajemo ni vlastitu esenciju. Osjećam i znam da zauzimam određeni prostor u svijetu, da sam čvrste građe, topao, da mislim i druge slične manifestacije rada moje esencije. Ali ipak, ako me pitate koja je moja vlastita esencija... Neću znati odgovoriti.«

Mjerni mehanizam

Pogledajmo problem svoje percepcije iz drugog kuta, više mehaničkog. Naša su osjetila mjerni instrumenti. Ona mjere sve što percipiraju. Kada čujemo zvuk, određujemo je li glasan ili tih; kada vidimo objekt, (obično) možemo reći koje je boje; kada dotaknemo nešto, trenutačno znamo je li toplo ili hladno, mokro ili suho.

Svi alati za mjerenje rade na sličan način. Zamislite vagu s utegom od jednog kilograma. Uobičajen mehanizam za vaganje izrađen je od opruge koja se rasteže u odnosu na uteg i brojila koje mjeri napetost opruge. Jednom kada se opruga prestane

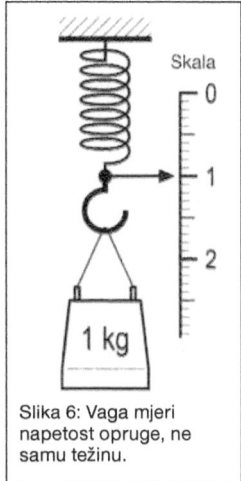

Slika 6: Vaga mjeri napetost opruge, ne samu težinu.

istezati i kada zastane na određenoj točki, brojevi na brojilu određuju težinu. Zapravo ne mjerimo težinu utega, nego odnos između opruge i utega (slika 6).

Iz toga je razloga kabalist Ashlag rekao da ne možemo percipirati apstraktnu formu, objekt sam po sebi, zato što nemamo apsolutno nikakvu povezanost s njim. Ako na njega možemo staviti oprugu i izmjeriti vanjski utjecaj, dobit ćemo nekakve rezultate. Ako ne možemo izmjeriti što se vani događa, to je kao da se ništa nije dogodilo. Štoviše, ako na neispravnu oprugu za mjerenje stavimo vanjski stimulans, dobit ćemo krive rezultate. To se događa kada ostarimo i naša osjetila oslabe.

U duhovnim terminima, vanjski svijet za nas predstavlja apstraktnu formu, poput utega. Upotrebljavajući polugu i brojilo – volju za primanjem i namjeru za davanjem – mjerimo koliko apstraktne forme možemo primiti. Kada bismo mogli izgraditi spravu koja bi »mjerila« Stvoritelja, mogli bismo Ga osjetiti baš kao što osjećamo ovaj svijet. E pa, takva sprava postoji i naziva se »šestim čulom«.

Šesto čulo

Započnimo ovaj dio s malo fantazije: nalazimo se u tamnom prostoru, u potpunoj praznini. Ne možemo ništa vidjeti, čuti nikakav zvuk, nema mirisa i nema okusa. Oko nas nema ničega što bismo mogli dodirnuti. Sada zamislite da ste u tom stanju toliko dugo da ste zaboravili da ste ikada imali čula koja bi mogla osjetiti te stvari. S vremenom zaboravljate čak i da takvi osjeti uopće mogu postojati.

Iznenada, pojavi se slaba aroma. Počne jačati i obavija vas, ali ne možete odrediti njezin izvor. Tada se počnu pojavljivati i drugi mirisi, neki jaki, neki slabi, neki slatki, neki kiseli. Koristeći ih, sada možete pronaći svoj put u svijetu. Različiti mirisi dolaze s različitih mjesta i, prateći ih, započinjete se snalaziti u tom okruženju.

Odjednom, bez prethodne najave, začujete zvukove sa svih strana. Svi su oni različiti, neki kao glazba, neki kao riječi, a neki samo šumovi, zvukovi. No zvukovi omogućavaju dodatno orijentiranje u tom prostoru.

Sada možete mjeriti udaljenosti, smjerove, možete pogoditi izvore mirisa i zvukova koje primate. To sada nije više samo prostor u kojem se nalazite; to je sada čitav svijet zvukova i mirisa.

Nakon nekog vremena dogodi se novo otkriće: nešto vas dotakne. Nedugo zatim otkrivate još stvari koje možete dotaknuti. Neke su hladne, neke su tople, neke su suhe, a neke vlažne. Neke su tvrde, neke meke, a za neke ne možete utvrditi kakve su. Zatim otkrijete da neke objekte možete staviti u usta te da imaju određene okuse.

Sada već živite u bogatom svijetu zvukova, mirisa, osjeta i okusa. Možete dodirivati objekte u svojem svijetu i možete proučavati svoju okolinu.

To je svijet osoba slijepih od rođenja. Da ste vi u njihovoj koži, biste li osjećali da vam treba osjetilo vida? Biste li uopće znali da ga nemate? Nikada. Osim ako ste ga imali ranije.

Isto vrijedi i za šesto čulo. Ne sjećamo se da smo ga ikada imali, iako smo ga svi imali prije razbijanja *Adam ha Rishona*, čiji smo dijelovi.

Šesto čulo funkcionira vrlo slično kao i pet prirodnih čula, no jedina je razlika da nam ga Priroda ne daje, već ga moramo sami razviti. Ustvari, naziv »šesto čulo« može nas malo zavesti na krivi trag jer zapravo ne razvijamo neko drugo čulo; razvijamo *namjeru*.

Dok razvijamo tu namjeru, proučavamo forme Stvoritelja, forme davanja, suprotne našem egoističnom ustrojstvu. To je razlog zašto nam Priroda nije dala šesto čulo; ono je suprotno od nas.

Izgrađivanjem namjere iznad svake želje počinjemo osjećati svjesnost o tome tko smo, tko je Stvoritelj, te želimo li ili ne biti kao On. Pravi izbor možemo donijeti samo ako imamo dvije opcije pred sobom. Stoga, Stvoritelj nas ne sili da budemo altruistični kao On – već nam pokazuje tko smo mi, tko je On, te nam tako daje priliku za vlastiti slobodan izbor. Jednom kada smo izabrali, postajemo ljudi kakvi namjeravamo biti: slični Stvoritelju ili ne.

Zašto onda namjeru za davanjem nazivamo »šestim čulom«? Zato što, posjedujući jednake namjere kao i Stvoritelj, postajemo nalik Njemu. To ne znači da imamo samo jednaku namjeru, već da, iz razloga što smo razvili jednakost forme s Njim, vidimo i percipiramo stvari koje nikako drugačije ne bismo mogli percipirati. Doista počinjemo gledati kroz Njegove oči.

Tamo gdje je put, postojala je i volja

U prvom poglavlju rekli smo da je koncept *kli* (alat/posuda) i *Ohr* (Svjetlost) neupitno najvažniji koncept u mudrosti kabale. Zapravo, od *kli* i *Ohr*, prvi nam je važniji (*kli*), iako je pravi cilj stjecanje drugog (*Ohr*).

Razjasnimo ovo primjerom. U filmu »Koji k... uopće znamo!?« dr. Candace Pert objašnjava da, ako određena forma ne postoji unaprijed unutar mene, neću biti u stanju vidjeti je izvana. Kao primjer koristi priču o Indijancima koji su stajali na obali mora i gledali dolazak Kolumbove armade. Ona kaže da je uvriježeno vjerovanje da Indijanci nisu mogli vidjeti brodove iako su gledali ravno u njih.

Dr. Pert objašnjava kako Indijanci nisu mogli vidjeti brodove jer nisu imali raniji model broda u svojim umovima. Samo je šaman, zainteresiran čudnim mreškanjem vode za koje se činilo da dolazi niotkuda, otkrio brodove nakon što je pokušao zamisliti što bi to moglo stvarati brazde u moru. Kada je otkrio brodove, rekao je to svom plemenu, opisao što je vidio, te su potom i oni mogli vidjeti brodove.

Kabalistički rečeno, potreban je unutrašnji *kli* da bi se opazio vanjski objekt. Zapravo, *kelim* (množina od *kli*) ne samo da detektiraju vanjsku stvarnost nego je kreiraju! Dakle, Kolumbova armada egzistirala je samo u umovima, u unutrašnjim *kelim* Indijanaca koji su je vidjeli i izvijestili o njoj.

 Ako se u šumi sruši drvo, a nema nikoga u blizini da to čuje, proizvede li padajuće drvo zvuk?

Ovaj čuveni zen koan (posebna vrst zen zagonetke) može se prevesti u kabalističku terminologiju: ako nema kli koji bi detektirao zvuk drveta, kako možemo znati je li uopće proizvelo zvuk?

Slično, možemo pretvoriti Kolumbovo otkriće u zen koan i upitati: »Prije Kolumbova otkrića, je li Amerika postojala?«

Ne postoji tako nešto kao »vanjski svijet«. Postoje želje, *kelim*, koje kreiraju vanjski svijet u skladu s vlastitim oblicima. Izvan nas postoji samo apstrakna forma, neopipljivo, Stvoritelj kojeg je nemoguće percipirati. Oblikujemo svoj svijet kroz oblikovanje vlastitih perceptivnih alata, vlastitih kelim.

Iz tog razloga, neće pomoći ako molimo Stvoritelja da nas izbavi iz naših patnji ili da se svijet oko nas promijeni na bolje. Svijet nije ni dobar ni loš; svijet je odraz, refleksija stanja naših vlastitih *kelim*. Kada izvršimo korekcije svojih *kelim* i učinimo ih prekrasnima, svijet će također biti prekrasan. *Tikkun* (korekcija) je iznutra, kao i Stvoritelj. On je naš ispravljeni »Ja«.

Tako je sovi noć u tamnoj šumi vrijeme najbolje vidljivosti. Nama je to vrijeme jezovite sljepoće. Naša stvarnost nije ništa drugo nego projekcija naših unutarnjih *kelim*. Ono što nazivamo »stvarnim svijetom« nije ništa drugo doli refleksija naše unutarnje ispravljenosti ili iskvarenosti. Mi živimo u imaginarnom svijetu.

Ako se želimo uzdići iznad ovog imaginarnog svijeta do stvarnog svijeta, do istinske percepcije, moramo se prilagoditi istinitim modelima. Na kraju dana, što god percipirali bit će u skladu s našom unutrašnjosti, u skladu s načinom na koji gradimo te modele unutar sebe. Nema ničega za otkriti izvan nas, ničega za otkriti osim apstraktne Više Svjetlosti koja djeluje na nas i otkriva nove slike u nama, u skladu s našom pripremljenošću.

I sada nam samo preostaje saznati gdje možemo pronaći ispravljene *kelim*. Postoje li oni u nama ili ih moramo izgraditi? Ako ih moramo izgraditi, kako to učiniti? To će biti tema sljedećih odlomaka.

Misao stvaranja

Kelim su gradivni elementi duše. Želje su gradivni materijali, cigle i drvo; a namjere su naši alati, naši izvijači, bušilice i čekići.

Ali kao i kod izgradnje kuće, prije no što započnemo s poslom moramo se prvo upoznati s nacrtom. Nažalost, arhitekt nam nije voljan dati nacrt. Umjesto toga, želi da mi sami neovisno učimo i izvršimo glavni plan naših duša. Samo na taj način možemo uistinu razumjeti Njegovu misao i postati kao On.

Kako bismo naučili tko je On, moramo pozorno promatrati što On čini te naučiti razumijevati Ga kroz Njegove akcije. Kabalisti to sažimaju kao: »Po Tvojim djelima, Tebe poznajemo.«

Naše želje, sirovi materijali duše, već postoje. On nam ih je dao i na nama je samo da naučimo kako ih ispravno koristiti postavljajući ispravne namjere preko njih. Tada će naše duše biti ispravljene.

No, kao što smo ranije rekli, ispravne namjere su altruistične namjere. Drugim riječima, trebamo željeti koristiti svoje želje za dobrobit drugih, a ne nas samih. Čineći tako, zapravo ćemo činiti dobro sami sebi, budući da smo svi dio duše *Adam ha Rishon*. Bez obzira na to sviđalo se to nama ili ne, šteta koju nanosima drugima vraća nam se, kao što se jednako snažno bumerang vraća onom tko ga je bacio.

Sažmimo rečeno na trenutak. Ispravljeni *kli* je želja koja se koristi s altruističnim namjerama. I obratno, iskvaren *kli* je želja korištena s egoističnim namjerama. Služeći se *klijem* altruistično, upotrebljavamo želju na isti način na koji Stvoritelj djeluje i time se izjednačavamo s Njim, barem što se tiče te specifične želje. Na taj način proučavamo Njegovu Misao.

I tako je jedini problem promjena naših namjera s kojima upotrebljavamo svoje želje. No da bi se to dogodilo, moramo uvidjeti barem jedan drugačiji način upotrebe svojih želja. Trebamo primjer kako druge želje izgledaju i kakav je njihov osjećaj. Na taj način, bit ćemo barem u stanju odlučiti želimo li to ili ne. Kada ne vidimo drugog načina upotrebe svojih želja, zarobljeni smo u onima koje već imamo. U tom stanju, kako možemo pronaći druge želje? Je li ovo zamka ili nešto propuštamo?

Objašnjenje kabalista je da nam ništa ne nedostaje. To je zamka, ali ne bezizlazna. Ako pratimo put svojih *reshimot*, sam od sebe će nam se prikazati primjer drugačije namjere. Sada, promotrimo što su to *reshimot* i kako nam pomažu izaći iz zamke.

Reshimot – povratak u budućnost

Reshimot – grubo govoreći – su snimke, sjećanja na prošla stanja. Svaki *reshimo* (jednina za *reshimot*) koji duša iskusi kroz svoj duhovni put sadržana je u posebnoj »bazi podataka«.

Kada se želimo popeti uz duhovne ljestve, ti *reshimot* uključeni su u naše iskušenje. Oni izlaze na površinu jedan po jedan i mi ih iznova proživljavamo. Što prije iznova iskusimo svaki *reshimo*, tim prije ga iscrpimo i idemo dalje na sljedeći u nizu, koji je uvijek viši na ljestvama.

Ne možemo promijeniti poredak *reshimot*. To je već određeno našim putem silaska dolje. Ali možemo, i trebali bismo, odrediti što ćemo učiniti sa svakim *reshimo*. Ako smo pasivni i jednostavno čekamo da prođu, trebat će mnogo vremena prije nego ih u potpunosti iskusimo. A prije nego li se to dogodi, mogu nam nanijeti jako puno bola. To je razlog zašto se pasivni put naziva »putem bola«.

U drugu ruku, možemo pokušati pristupiti svakom *Reshimotu* kao »još jednom danu u školi«, pokušavajući vidjeti što nas to Stvoritelj pokušava naučiti. Ako se jednostavno sjetimo kako je ovaj svijet rezultat duhovnih događaja, to bi bilo dovoljno da uvelike ubrza prolaz *reshimot*. Taj aktivni pristup naziva se »putem Svjetlosti«, zato što nas naši napori povezuju sa Stvoriteljem, sa Svjetlosti, za razliku od sadašnjega stanja u kojem imamo pasivan stav.

Zapravo, naši napori ne moraju uspjeti; sam je napor dovoljan. Povećavajući svoje želje da budemo poput Stvoritelja (altruistični), vežemo se na viša, puno duhovnija stanja.

Proces duhovnog napredovanja sličan je načinu na koji uče djeca; to je, u biti, proces imitacije. Imitirajući odrasle, iako ne znaju što čine, dječje učestalo imitiranje stvara u njima želju za učenjem. Napomena: njihov rast nije uvjetovan onim što znaju, nego jednostavnom činjenicom da *žele znati*. Želja za znanjem dovoljna je da u njima izazove sljedeći *reshimo*, onaj u kojem oni to već znaju.

Gledajte na to iz drugoga kuta: u početku, činjenica da oni žele znati nije bila njihov izbor. To se dogodilo zato što se tadašnji *reshimo* iscrpio, uzrokujući time da je sljedeći na redu onaj *reshimo* koji se »želi« učiniti znanim. Stoga, *reshimo* je u djetetu morao probuditi želju za time da ga ono otkrije.

Točno to je način na koji duhovni *reshimot* djeluju na nas. U biti, ne učimo ništa novo u ovome ili u duhovnom svijetu; jednostavno se penjemo natrag u budućnost.

Želimo li biti darežljiviji, poput Stvoritelja, trebali bismo se neprestano preispitivati i vidjeti odgovaramo li opisu koji se smatra duhovnim (altruističnim). Na taj način, naša želja da budemo altruističniji pomoći će nam razviti točniju, detaljniju percepciju nas samih u usporedbi sa Stvoriteljem.

Ako ne želimo biti egoistični, naše će želje probuditi *reshimot* koji će nam pokazati što znači biti više altruističan. Svaki put kada odlučimo da ne želimo egoistično upotrijebiti ovu ili onu želju, za *reshimo* tog stanja smatra se da je ispunio svoj zadatak i sklanja se kako bi napravio mjesta za sljedeći. To je jedina korekcija koja se od nas zahtijeva. Kabalist Yehuda Ashlag opisuje ovaj princip riječima: »...Svesrdnom mržnjom prema zlu [egoizmu] istina se ispravlja.«

Zatim objašnjava: »...Ako dvoje ljudi shvate da svaki mrzi ono što njegov prijatelj mrzi, i voli što i njegov prijatelj voli, dolaze do trajne veze, poput stupa koji nikada neće pasti. Stoga, budući da Stvoritelj voli davati, niži bi se također trebali prilagoditi tako da žele samo davati. Stvoritelj mrzi biti primatelj jer je On potpuno cijelovit i ništa mu ne treba. Iz toga slijedi da čovjek također treba mrziti materiju primanja za sebe. Tako osoba treba jako mrziti volju za primanjem jer sve su ruševine na svijetu proizašle isključivo iz volje za primanjem. Kroz mržnju, osoba je ispravlja.«

Dakle, samim time da to želimo, mi budimo *reshimot* više altruističnih želja, koje već postoje u nama iz vremena kada smo bili povezani u duši *Adam ha Rishon*. Ti *reshimot* nas ispravljaju i čine da budemo više kao Stvoritelj. Zato, želja (*kli*) i jest pokretač promjene, kao što smo rekli u prvom poglavlju, ali i sredstvo za korekciju. Ne trebamo gušiti svoje želje, samo naučiti kako raditi s njima produktivno za sebe i druge.

Ukratko

Za pravilnu percepciju, trebamo se ograničiti s tri ograničenja:
1. Postoje četiri kategorije percepcije: a) materija; b) forma u materiji; c) apstraktna forma; d) esencija. Mi poimamo samo prve dvije kategorije.
2. Sva moja percepcija odvija se u mojoj duši. Moja duša je moj svijet i svijet izvan mene je apstraktan toliko da ne mogu zasigurno reći niti postoji li ili ne.
3. Ono što ja percipiram samo je moje; ne mogu to prenijeti ni na koga drugoga. Mogu reći drugima o svome iskustvu, no kada ga oni iskuse, zasigurno će to doživjeti na sebi svojstven način.

Kada nešto percipiram, mjerim i određujem što je to prema kvalitetama mjernih alata koje imam u sebi. Ako je moj alat neispravan, bit će i moja mjerenja; stoga, moja slika svijeta bit će iskrivljena i nepotpuna.

Trenutačno, svijet doživljavamo s pet osjetila. Ali trebamo šesto čulo kako bismo ga pravilno doživjeli. To je razlog zašto nismo u stanju voditi ovaj svijet produktivno i na zadovoljstvo svih.

Zapravo, šesto čulo nije tjelesno osjetilo, nego namjera. Ono se odnosi na naš način upotrebe želja. Ako ih upotrebljavamo s namjerom za davanjem umjesto s namjerom za primanjem, znači, ako ih upotrebljavamo altruistično umjesto egoistično, percipirat ćemo cijeli novi svijet. To je razlog zašto se nova namjera zove »šesto čulo«.

Postavljajući altruističnu namjeru nad svojim željama, činimo ih sličnima željama koje ima Stvoritelj. Ta se sličnost zove »jednakost forme« sa Stvoriteljem. Onome koji je posjeduje, jednakost forme daje istu percepciju i znanje koje ima Stvoritelj. To je razlog zašto je samo sa šestim čulom (namjera za davanjem) moguće znati kako se treba zbilja ponašati u ovome svijetu.

Kada dođe nova želja, ona zapravo nije nova. To je želja koja je već bila u nama, čija je memorija zapisana u bazi podataka naših duša – *reshimot*. Lanac *reshimot* vodi osobu ravno do vrha ljestava – do Misli stvaranja. I, što se brže penjemo, brže ćemo i ugodnije doseći svoju sudbinu.

Reshimot se pojavljuju jedan po jedan, onom brzinom koju određujemo kroz našu želju za uzlaskom u duhovnost, a to je mjesto odakle i potječu. Kada pokušamo razumjeti i učiti od svakog *reshimo*, on se iscrpljuje brže i dolazi do stanja u kojem ga razumijemo (koje već postoji). Kada razumijemo *reshimo*, na površinu ispliva sljedeći *reshimo* u nizu, dok napokon svi *reshimot* ne budu shvaćeni i proučeni. Tako dostižemo kraj svoje korekcije.

06. (Uzak) put do slobode

Možda će vas to iznenaditi, ali već znate podosta o kabali. Vratimo se unatrag i ponovimo. Znate da je kabala nastala prije otprilike 5000 godina u Mezopotamiji (današnji Irak). Otkrili su je oni koji su tragali za svrhom svojih života. Ti su ljudi otkrili da smo svi rođeni zato da bismo primali najviši užitak postajanja poput Stvoritelja. Izgradili su grupe koje su proučavale kabalu i širili su se svijetom.

    Ti prvi kabalisti rekli su nam da smo potpuno sazdani od želje za primanjem užitka i podijelili su je na pet razina – nepokretnu, vegetativnu, animativnu, govornu i duhovnu. Želja za primanjem vrlo je bitna zato što je pokretač svega što činimo na ovom svijetu. Drugim riječima, stalno pokušavamo primiti užitak i što više imamo, to više želimo. Kao rezultat, neprestano se razvijamo i mijenjamo.

    Naučili smo da je kreacija formirana kroz proces od četiri faze, gdje korijen (sinonim za Svjetlost i Stvoritelja) stvara želju za primanjem. Želja za primanjem htjela je dati, zatim odlučuje primati u obliku davanja i napokon želi još jedanput primiti. No ovaj put želi primati znanje kako biti kao Stvoritelj, *Davatelj*.

    Nakon četiri faze, volja za primanjem bila je podijeljena na pet svjetova i jednu dušu, nazvanu *Adam ha Rishon*. *Adam ha Rishon* se raspao i materijalizirao u našem svijetu. Drugim riječima, svi smo mi zapravo jedna duša, povezani i ovisni jedni o drugima kao stanice u tijelu. No, kako je želja za primanjem rasla, postali smo egocentrični. Prestali smo osjećati da smo svi jedno. Umjesto toga, danas osjećamo samo sebe. Čak i ako se povežemo s drugima, činimo to da bismo primili užitak kroz njih.

Egoistično stanje naziva se »razlomljena duša *Adama ha Rishona*« i naš je zadatak, kao dijela te duše, ispraviti je. Zapravo, ne moramo je ispraviti, nego moramo biti svjesni da nismo u stanju osjetiti pravi užitak u svojoj sadašnjoj poziciji, a zbog zakona volje za primanjem: »Kada imam ono što želim, više to ne želim.« Kada to shvatimo, počet ćemo tražiti puteve za izlazak iz klopke tog zakona, klopke egoizma.

Traženje slobode od ega dovodi do pojavljivanja »točke u srcu«, želje za duhovnošću. »Točka u srcu« je poput svake druge želje; ona se pojačava i smanjuje kroz utjecaj okoline. Stoga, ako želimo povećati svoju želju za duhovnim, trebamo izgraditi okolinu koja podržava duhovnost. To zadnje (ali najbitnije) poglavlje u našoj knjizi govorit će o tome što treba učiniti da bismo dobili temelj za duhovnu okolinu na osobnoj, društvenoj i međunarodnoj razini.

Tama prije zore

Najmračnije je doba noći ono pred zoru. Slično tome, pisci *Zohara* rekli su, prije gotovo 2000 godina, da će najmračnije doba za čovječanstvo doći točno prije njegova duhovnog buđenja. Stoljećima, počevši s Arijem, autorom knjige *Drvo života*, koji je živio u 16. stoljeću, kabalisti su pisali da se *Zohar* posebno osvrće na kraj 20. stoljeća. Nazvali su ga *zadnjom generacijom*.

Nisu time mislili da ćemo nestati u nekom apokaliptičnom, spektakularnom događaju. U kabali, generacija predstavlja duhovno stanje. Zadnja je generacija posljednji i najviši stupanj koji se može doseći. Kabalisti su rekli da vrijeme u kojem mi živimo – početak 21. stoljeća – jest vrijeme kada ćemo vidjeti generaciju duhovnog uspona.

Ali ti su kabalisti također ustanovili da se ne smijemo nastaviti razvijati na način na koji smo to činili do sada. Rekli su da je danas neophodan svjestan i slobodan izbor ako želimo rasti.

Kao i sa svakim početkom ili rođenjem, nastanak zadnje generacije, generacije slobodnoga izbora, nije lak proces. Donedavno smo se razvijali u svojim nižim željama – od neživog do govornog – izostavljajući duhovnu razinu. Ali sada duhovni *reshimot* (duhovni »geni«) izranjaju u milijunima ljudi i zahtijevaju biti provedeni u stvarnom životu.

Kada se *reshimot* pojave u nama, još uvijek nam nedostaje prikladna metoda za rad s njima. Oni su poput sasvim nove tehnologije s kojom se tek moramo naučiti služiti. Zato, dokle god učimo, pokušavamo shvatiti nove vrste *reshimot* svojim starim načinom razmišljanja, zato što su nam ti načini pomogli shvatiti *reshimot* nižih želja. Ali ti načini nisu adekvatni za rukovanje novim *reshimot* i stoga ne uspijevaju izvršiti taj zadatak, ostavljajući nas praznima i nezadovoljnima.

Kada ti *reshimot* izrone, u osobi raste nezadovoljstvo, a zatim depresija, dok se ne nauči pravilno odnositi prema tim novim željama. To je uobičajeno tijekom rabljenja mudrosti kabale, koja je izvorno dizajnirana za izlaženje na kraj s tim duhovnim *reshimot*, kao što smo opisali u prvome poglavlju.

No ako ne može pronaći rješenje, osoba može potonuti u radoholizam, svakojake ovisnosti i druge pokušaje za potiskivanje problema novih želja, pokušavajući izbjeći nositi se s neizlječivom boli.

Na osobnoj razini, takvo je stanje vrlo stresno, ali ne predstavlja dovoljno velik problem da bi narušilo socijalnu strukturu. No kada se duhovni *reshimot* pojavi u milijunima ljudi u otprilike isto vrijeme, te osobito, ako se dogodi u puno zemalja u isto vrijeme, imate globalnu krizu. A globalna kriza zahtijeva globalno rješenje.

Očito, čovječanstvo je danas u globalnoj krizi. Depresija raste do nepredviđenih granica u Sjedinjenim Državama, ali slika nije ništa svjetlija ni u drugim razvijenim zemljama. Godine 2001. Svjetska zdravstvena organizacija (WHO) izvijestila je da je »depresija vodeći uzrok nestabilnosti u SAD-u i cijelome svijetu«.

Drugi veliki problem u modernim društvima zabrinjavajuće je obilje uporabe droge. Iako su droge oduvijek bile u upotrebi, u prošlosti su se upotrebljavale uglavnom u medicini i ritualima, dok se danas upotrebljavaju u mnogo mlađoj dobi, prvenstveno za olakšavanje emocionalne praznine koju osjeća velik broj mladih ljudi. I zato što se depresija širi, širi se i upotreba droga i kriminala vezanih uz nju.

Druga je strana krize u obiteljima. Institucija obitelji koja je upotrebljavana kao ikona stabilnosti, topline i zaštite, to više nije. Prema Nacionalnom centru za zdravstvenu statistiku SAD–a, na svaka dva para koji se vjenčaju, jedan se rastavi i te su brojke slične u cijelom zapadnom svijetu.

Štoviše, situacija više nije takva da parovi trebaju proći kroz veliku krizu ili sukob osobnosti kako bi se odlučili razvesti. Danas, čak i parovi s 50 i 60 godina života ne mogu naći razlog da ostanu zajedno nakon što njihova djeca napuste dom. S obzirom na to da su njihovi prihodi osigurani, nisu u strahu od okretanja novih stranica u životu, što se samo par godina unazad smatralo neprihvatljivim. Imamo čak i simpatično ime za to: »sindrom praznoga gnijezda«. No zaključak je da se ljudi rastaju jednom kada djeca napuste dom pa nema ništa drugo što bi roditelje držalo zajedno jer između njih jednostavno nema ljubavi.

I to je stvarna praznina: odsustvo ljubavi. Ako se sjetimo da smo stvoreni kao egoisti od strane sile koja želi dati, možda imamo šanse za borbu. Ako ništa drugo, znat ćemo gdje tražiti rješenje.

Ali kriza je jedinstvena i to ne samo u svojoj univerzalnosti nego i u svojoj raznovrsnosti, što je čini još opsežnijom i težom za baratanje. Kriza se događa na gotovo svim poljima ljudskog djelovanja – osobnom, društvenom, međunarodnom, u znanosti, medicini i klimi. Na primjer, do prije samo nekoliko godina, »vrijeme« je bilo povoljno utočište kada osoba nije imala što reći o drugim temama. Danas, naime, od svih se nas traži da pažljivo pričamo o klimi. Klimatske promjene, globalno zatopljenje, podizanje razine mora i početak nove sezone uragana goruće su teme.

»Veliko odleđivanje« naslov je kojim je Geoffrey Lean iz *The Independenta* ironično nazvao stanje našeg planeta u članku objavljenom 20. studenog 2005. Evo punog naziva Leanova članka: »Veliko odleđivanje: globalna katastrofa koja će uslijediti ako se grenlandski ledeni pokrov otopi«. A podnaslov: »Znanstvenici kažu kako nestaje mnogo brže nego što su očekivali«.

Vrijeme nije jedina katastrofa koja vreba na horizontu. Izdanje Prirodoslovnog magazina izdanog na Kalifornijskom sveučilištu 22. lipnja 2006., izjavljuje da se već trebao dogoditi jedan »veliki« kod tektonske pukotine San Andreas. Prema Yuri Fialko iz Scripps Instituta za oceanografiju na Kalifornijskom sveučilištu, »pukotina je značajna seizmička opasnost i spremna je za još jedan veliki potres«.

I naravno, ako preživimo oluje, potrese i uzdizajuću razinu mora, uvijek je tu Bin Laden u blizini da nas podsjeti kako naši životi mogu biti značajno kraći nego što smo očekivali.

Posljednje, ali ništa manje važno, tu su i zdravstveni problemi koji zahtijevaju našu pozornost: AIDS, ptičja gripa, kravlje ludilo i naravno, dežurni krivci: rak, bolesti srca i krvnih žila i šećerna bolest. Ima ih puno koje možemo spomenuti ovdje, no do sada ste vjerojatno shvatili poantu. Iako neki od ovih zdravstvenih problema nisu novi, ovdje su spomenuti jer se ubrzano šire svijetom.

Zaključak: drevna kineska uzrečica kaže da, kada želiš nekoga prokleti, reci: »Dabogda živio u interesantnim vremenima.«

Naše je doba zaista vrlo interesantno, ali to nije kletva. To je upravo kako je *Knjiga Zohar* obećala – tama prije zore. A sada, pogledajmo postoji li rješenje.

Hrabri novi svijet u četiri koraka

Potrebno je samo četiri koraka kako bi se promijenio svijet:

1. Prepoznati krizu;
2. Otkriti zašto postoji;
3. Odrediti najbolje rješenje;
4. Razviti plan za rješavanje krize.

Proučimo ih jedan po jedan.

1. Prepoznavanje krize

Postoji nekoliko razloga zbog kojih većina nas još uvijek nije svjesna da postoji kriza. Vlade i međunarodne kompanije trebale su biti prve u borbi s problemom, no različitost interesa sprječava ih da udruže snage te da se učinkovito nose s krizom. Uz to, većina još ne osjeća da nam kriza prijeti na svim razinama i stoga potiskujemo hitnu potrebu za rješenjem, prije nego se proces pogorša.

Najveći je problem što nemamo sjećanje na takav opasan događaj u našoj prošlosti. I zbog toga nismo sposobni točno procijeniti svoju sadašnju situaciju. To ne znači da se katastrofe nisu događale i prije, no naše je vrijeme jedinstveno u smislu da se danas to događa na svim područjima u isto vrijeme – u svakom aspektu ljudskog života i po cijelome svijetu.

2. Otkrivanje razloga

Kriza se događa kada se sudare dva elementa i jači elementi nadvladaju one slabije. Ljudska priroda, odnosno egoizam, jest otkrivanje činjenice da je ona u suprotnosti s Prirodom, tj.

altruizmom. Zato su toliki ljudi pod stresom; depresivni su, nesigurni i frustrirani.

Ukratko, kriza se u biti ne događa izvana. Iako se zaista čini da zauzima fizički prostor, ona se zapravo odvija u nama. Kriza je ogromna bitka između dobra (altruizma) i zla (egoizma). Kako je tužno što moramo igrati negativnu ulogu u stvarnom *reality showu*. No ne gubite nadu – jer sve ukazuje na to da nas očekuje sretan završetak.

3. Određivanje najboljeg rješenja

Što više prepoznajemo uzrok krize – vlastiti egoizam – to više saznajemo što treba biti promijenjeno u nama i našem društvu. Čineći to, bit ćemo u stanju smanjiti krizu te dovesti i društvo i ekologiju do pozitivnog, konstruktivnog rezultata. Više ćemo govoriti o tim promjenama kada budemo proučavali ideju o slobodi izbora.

4. Razvijanje plana za rješavanje krize

Nakon što smo završili prva tri stupnja plana, možemo ga detaljnije isplanirati, ali ni najbolji plan ne može uspjeti bez aktivne podrške vodećih, međunarodno prepoznatih organizacija. Stoga, plan treba imati široku bazu međunarodne podrške među znanstvenicima, filozofima, političarima, Ujedinjenim narodima, kao i u medijima te društvenim organizacijama. Zapravo, zato što se razvijamo iz jedne razine želja u drugu, sve što se sada događa, događa se prvi put na duhovnoj razini želja. Ako se sjetimo da smo na tom stupnju, možemo upotrijebiti znanje onih koji su povezani s duhovnim svijetom na isti način na koji upotrebljavamo znanje koje nam pruža ovdašnja znanost.

Kabalisti, koji su već stigli do duhovnih svjetova, korijena našeg svijeta, vide *reshimot* (duhovni korijen) kao uzrok ovog stanja i mogu nas izvesti iz problema čiji su izvori u duhovnom svijetu. Na taj bismo način krizu riješili lako i brzo jer bismo znali zašto se te stvari događaju i što treba učiniti. Mislite o tome na ovaj način: kad biste znali da postoje ljudi koji mogu vidjeti ishod sutrašnje lutrije, ne biste li ih željeli kraj sebe dok se kladite?

Ovdje nema magije, samo znanje o pravilima igre u duhovnom svijetu. Kroz oči kabalista, mi nismo u krizi, nego smo samo malo dezorijentirani i stoga se nastavljamo kladiti na krive brojeve. Kada pronađemo svoj smjer, rješavanje (nepostojeće) krize bit će lako. I tako ćemo osvajati zgoditke. Ljepota kabalističkoga znanja leži u tome da nitko ne pridržava prava na to znanje: ono pripada svima.

Upoznajte svoja ograničenja

Stara molitva

Gospode, podaj mi snage da promijenim ono što mogu mijenjati, hrabrosti da prihvatim ono što ne mogu promijeniti i mudrosti kako bih znao razliku između to dvoje.

U vlastitim smo očima jedinstveni i neovisni pojedinci. To je uobičajena ljudska karakteristika. Samo pomislite na stoljeća bitaka koje su ljudi prošli, samo da bi smogli ograničenu osobnu slobodu koju imamo danas.

Mi nismo jedini koji patimo kada nam se oduzme naša sloboda. Nema niti jednog bića koje se ne bori kada je zatočeno. To je urođeno, prirodno obilježje za odbijanjem bilo kojeg vida potčinjenosti. No već ako razumijemo da sva bića imaju pravo biti slobodna, to ne znači da znamo što zapravo znači biti slobodan, niti kako je to povezano s procesom korekcije ljudskog egoizma.

Ako se zaista upitamo o značenju slobode, vjerojatno ćemo otkriti da će vrlo malo naših sadašnjih misli o tome ostati nakon što završimo s postavljanjem tog pitanja. Zato, prije nego budemo mogli govoriti o slobodi, moramo zaviriti u sebe i vidjeti jesmo li sposobni za ijedan svojevoljan i slobodan čin. S obzirom na to da naša volja za primanjem neprestano raste, u stalnoj smo potrazi za boljim i ugodnijim načinom života. Zapravo nemamo izbora u tom pogledu, zato što se vrtimo za svojim repom.

S druge strane, ako je naša volja za primanjem uzrok svim tim nevoljama, možda postoji način da je kontroliramo. Ako bismo to mogli, možda bismo mogli kontrolirati i probleme u kojima se nalazimo. Inače, bez te kontrole, igra bi se činila izgubljenom i prije nego što bismo je zaigrali.

Ali ako smo mi gubitnici, tko je onda pobjednik? S kim (ili čim) se natječemo? Idemo svojim poslom kao da događaji ovise o našim odlukama. Ali je li to zaista tako? Ne bi li bilo bolje da samo odustanemo od pokušaja mijenjanja naših života i prepustimo se struji?

S jedne strane, rekli smo da se Priroda bori protiv bilo kakvog potčinjavanja. S druge strane, Priroda nam ne pokazuje koje su naše akcije slobodne, ako je ikoja, te u čemu nas to nevidljivi kontrolor mami na mišljenje da smo slobodni.

Štoviše, ako Priroda radi prema Glavnom planu, mogu li sva ta pitanja i nesigurnosti biti dio plana? Možda postoji onostrani razlog koji nas čini izgubljenima i zbunjenima. Možda je zbunjenost i razočaranje lutkarev način da nam priopći: »Hej, ponovno pogledajte kamo svi idete jer ako tražite mene, gledate u krivom smjeru.«

Malo će ih poreći da smo zaista dezorijentirani. No kako bismo odredili svoj smjer, moramo znati gdje treba početi tražiti. To nam može spasiti godine uzaludnih napora. Prva stvar koju želimo otkriti jest u čemu mi to imamo slobodan i neovisan izbor. Jednom kada to shvatimo, znat ćemo gdje trebamo usmjeriti svoje napore.

Uzde života

Cijela se Priroda vlada prema jednom jedinom zakonu: »zakonu užitka i boli«. Ako je želja za primanjem užitka jedina supstancija u kreaciji, onda je potrebno samo jedno pravilo ponašanja: privlačenje užitka i odbacivanje boli.

Mi ljudi nismo iznimka u tom pravilu. Pratimo prethodno ugrađen nacrt koji u potpunosti diktira svaki naš pokret: želimo primiti najviše moguće, a raditi najmanje moguće. I još, ako ikako može, sve to želimo besplatno! Stoga, u svemu što činimo, iako toga nismo svjesni, uvijek pokušavamo izabrati užitak i izbjeći bol.

Čak i kada se čini da se žrtvujemo, ustvari primamo više užitka u »žrtvi« nego iz bilo kojeg drugog izbora koji možemo smisliti u tom trenutku. Uvjeravamo se u to da imamo altruistične motive zato što je uvjeravanje samog sebe zabavnije nego priznati si istinu. Kako je Agnes Repplier jednom rekla: »Malo je golotinja tako neugodnih kao što je gola istina.«

U trećem poglavlju rekli smo da druga faza, čak i zbog toga što je motivirana istom voljom za primanjem kao u prvoj fazi, ustvari daje. To je korijen svake »altruistične« akcije koju »dajemo« jedni drugima.

Vidimo kako sve što činimo prati »proračun o korisnosti«. Naprimjer, računam cijenu robe u usporedbi s koristi koju ću imati od toga. Ako mislim da je užitak (ili izostanak boli) imanja te robe veći nego cijena koju moram platiti, reći ću svom »unutrašnjem brokeru«: Kupuj! Kupuj! Kupuj!« paleći zelena svjetla kroz svoju mentalnu Wall Street ploču.

Možemo promijeniti svoje prioritete, usvojiti drukčije vrijednosti dobrog i lošeg, čak se i »istrenirati« da budemo neustrašivi. Štoviše, cilj u svojim očima možemo učiniti toliko bitnim da će se bilo koja poteškoća na putu do njegova ispunjenja činiti beznačajnom, neopipljivom.

Ako, naprimjer, želim društveni status i dobru plaću koji idu uz položaj poznatog liječnika, godinama ću se naprezati, znojiti i mučiti u medicinskoj školi i živjeti nekoliko godina bez sna tijekom stažiranja, nadajući se eventualnoj isplativosti u obliku slave i bogatstva.

Ponekad je računica trenutne boli zbog buduće dobiti toliko prirodna da je ni ne primjećujemo. Naprimjer, ako se teško razbolim i otkrijem da mi složena operacija može spasiti život, rado ću pristati na nju. Iako sama operacija može biti vrlo neugodna i predstavljati rizik sama po sebi, ona nije prijeteća koliko sama bolest. U nekim slučajevima platio bih veliku sumu novca da bih se podvrgnuo toj kušnji.

Promjena društvene okoline zbog promjene samoga sebe

Priroda nas nije osudila na stalno izbjegavanje patnje i neprestanu potragu za užitkom, nego nam je uskratila i sposobnost da odredimo vrste užitka koji želimo. Drugim riječima, ne možemo kontrolirati što želimo. Želje se u nama pojave bez prethodnog upozorenja i pritom ne pitaju za naše mišljenje.

Ipak, Priroda nije samo stvorila naše želje nego nam je dala i način za njihovo kontroliranje. Ako se sjetimo da smo svi dio iste duše, dio *Adam ha Rishon*, s lakoćom ćemo uvidjeti da je način kontrole svojih želja ustvari djelovanje na cjelokupnu dušu, što znači čovječanstvo ili barem dio njega.

Gledajmo to na ovaj način: ako bi jedna stanica željela otići lijevo, a ostatak tijela želi ići desno, stanica bi također morala ići desno. Osim ako ne uvjeri cijelo tijelo ili nadjača većinu stanica, ili uvjeri »vladu« tijela da je bolje ići lijevo.

Stoga, iako ne možemo kontrolirati svoje želje, društvo može te to i čini. I zato što možemo kontrolirati vlastiti odabir društva, možemo izabrati vrstu društva koje će utjecati na nas na način za koji mi mislimo da je najbolji. Jednostavno rečeno, možemo odabrati društveni utjecaj koji će imati kontrolu nad našim željama. Stoga, kontrolirajući svoje želje, kontrolirat ćemo svoje misli te, na kraju, i svoje postupke.

Knjiga Zohar opisala je važnost okoline još prije gotovo dvije tisuće godina. No od 20. stoljeća, kada je postalo očito da ovisimo jedni o drugima da bismo preživjeli, ispravno korištenje društvene ovisnosti postalo je ključno za naš duhovni napredak. Najveća važnost društva jest poruka koju je kabalist Yehuda Ashlag iznio vrlo jasno u dosta svojih eseja i ako pratimo liniju njegove misli, bit će nam jasno zašto.

Ashlag kaže da je svačija najveća želja, priznao on to ili ne, jest biti voljen od strane drugih i imati njihovo priznanje. Ne samo da nam to daje osjećaj sigurnosti nego potvrđuje i naše najdragocjenije vlasništvo – naš ego. Bez odobrenja okoline imamo osjećaj kako se ignorira naše samo postojanje, a ego ne može podnijeti to opovrgavanje. To je razlog zašto ljudi ponekad idu u ekstreme kako bi zadobili pažnju drugih.

S obzirom na to da je naša najveća želja zadobiti odobrenje društva, primorani smo usvojiti i prilagoditi se zakonima svoje okoline. Ti zakoni ne određuju samo naše ponašanje, nego ujedno kreiraju naš stav i pristup svemu što radimo i mislimo.

Ta nas situacija čini nesposobnima za odabir bilo čega – od načina na koji živimo, naših interesa, kako trošimo svoje slobodno vrijeme pa čak i hrane koju jedemo i odjeće koju nosimo. Štoviše, čak i kada biramo obući se suprotno trenutnoj modi ili ne obazirući se na nju, još smo uvijek (pokušavamo biti) ravnodušni prema *određenom društvenom pravilu* koje smo odabrali ignorirati. Drugim riječima, da moda koju smo izabrali ignorirati ne postoji, ne bismo je ignorirali i vjerojatno bismo izabrali drugačiji pravilnik o oblačenju. U konačnici, jedini način za promjenu sebe jest da promjenimo društvene norme svoje okoline.

Četiri faktora

Ali ako nismo drugo doli produkt svojega okruženja, ako nema prave slobode u onome što činimo, u onome što mislimo i u onome što želimo, može li nas se držati odgovornima za ono što činimo? A ako nismo odgovorni, tko je?

Kako bismo odgovorili na ta pitanja, prvo moramo razumjeti četiri faktora koji nas određuju te kako možemo raditi s njima u namjeri stjecanja slobode izbora. Sudeći prema tumačenju kabale, svi smo pod kontrolom četiri faktora:

1. »Nasad« (gredica, lijeha), zovemo je i »prva materija«
2. Nepromjenjive osobine nasada
3. Osobine koje se mijenjaju kroz vanjske sile
4. Promjene u vanjskom okolišu

Pogledajmo što za nas znači svaka od njih:

1. Nasad, prva materija

Naša nepromjenjiva srž naziva se »nasad«. Mogu biti sretan ili tužan, domišljat, ljutit, sam ili s drugima. U kojem god raspoloženju ili u kojem god društvu, osnovno *ja* se nikada ne mijenja.

Kako bismo razumjeli četverofazni koncept, promislimo o cvjetanju i umiranju biljaka. Zamislite stabljiku žita. Kada se sjeme žita raspadne, ono izgubi svoju formu. No iako je u potpunosti izgubilo svoju formu, iz tog sjemena opet će izniknuti samo stabljika žita i ništa drugo. To je zato što se nasad nije promijenio; bit sjemena ostaje ista.

2. Nepromjenjive osobine nasada

Baš kao što je nasad nepromjenjiv i žito uvijek rodi novo žito, način na koji se sjeme žita razvije također je nepromjenjiv. Jedna stabljika može proizvesti više sjemena nego stabljika u novom ciklusu rasta, mogu se promijeniti količina i kvaliteta, no sam nasad, bit prijašnjeg izgleda žita, ostat će nepromijenjen. Jednostavno rečeno, niti jedna druga biljka ne može izrasti iz sjemena žita osim žita i sve žito prolazi isti obrazac rasta od trenutka kada iznikne do trenutka kada uvene.

Slično tomu, sva djeca sazrijevaju istim slijedom rasta. Zbog toga (više-manje) znamo kada bi dijete trebalo početi razvijati određene vještine i kada može početi jesti određenu vrstu hrane. Bez tog utvrđenog slijeda ne bismo mogli pratiti krivulju rasta djece ili bilo čega drugoga.

3. Osobine koje se mijenjaju kroz vanjske sile

Iako sjeme ostaje ista vrsta sjemena, njegov se izgled može mijenjati pod utjecajem okolnog utjecaja kao što su sunčeva svjetlost, tlo, gnojivo, vlaga i kiša. I dok vrsta biljke ostaje žito, njezin »omot«, osobine esencije žita mogu se mijenjati kroz vanjske elemente.

Slično tomu, naše se raspoloženje mijenja u prisutnost drugih ljudi ili u različitim situacijama, iako mi sami (nasad) ostajemo isti. Ponekad, kada utjecaj okoline traje duže vrijeme, ono može promijeniti ne samo naše raspoloženje nego i naš karakter. Nije okolina ta koja kreira nove osobine u nama; boravljenje među određenim ljudima potiče određene aspekte naše prirode da postanu aktivniji.

4. Promjene u vanjskoj okolini

Okolina koja utječe na sjeme sama je po sebi već pod utjecajem drugih vanjskih faktora, poput klimatskih promjena, promjena u kvaliteti zraka te susjednih biljaka. Zbog toga uzgajamo biljke u staklenicima i umjetno gnojimo tlo. Pokušavamo biljkama stvoriti najbolji okoliš za rast.

U našem ljudskom društvu oglašavamo nove proizvode, idemo u razne škole, biramo vladu i provodimo vrijeme s prijateljima. Stoga, da bismo kontrolirali vlastiti razvoj, trebamo naučiti kontrolirati izbor vrste ljudi s kojima ćemo provoditi vrijeme. Ali ono najbitnije je birati ljude na koje ćemo se ugledati. To su ljudi koji će najviše utjecati na nas.

Ako se želimo ispraviti – i postati altruistični, trebamo znati koje će društvene promjene unaprijediti korekciju i pratiti ih. S tim zadnjim faktorom – promjene u vanjskoj okolini – oblikujemo svoju bit i mijenjamo osobine svoga tijela. Posljedično tome, određujemo svoju sudbinu. U tome je naša sloboda izbora.

Odabir pravog okoliša za korekciju

Iako ne možemo odrediti osobine svojega nasada, možemo utjecati na vlastite živote i sudbinu birajući svoju društvenu okolinu. Drugim riječima, zato što okolina ima utjecaj na osobine nasada, vlastitu budućnost možemo odrediti tako da gradimo svoju okolinu na način da ona promovira ciljeve koje želimo postići.

Jednom kada odaberem svoj put i izgradim okolinu koja me tamo usmjerava, mogu upotrijebiti društvo kao poticaj za ubrzavanje svog napretka. Ako, naprimjer, želim novac, mogu se okružiti ljudima koji isto žele novac, mogu govoriti o njemu i naporno raditi kako bih ga stekao. To će me također potaknuti na naporan rad i pretvorit će moj um u tvornicu planova za zaradu novca.

Evo još jednog primjera. Ako sam pretio i želim to promijeniti, najlakši je način okružiti se ljudima koji misle, razgovaraju i potiču jedni druge na gubljenje tjelesne težine. Zapravo, mogu učiniti i više od okruživanja sebe ljudima u svrsi stvaranja okoline; mogu pojačati utjecaj okoline knjigama, filmovima i isječcima iz časopisa. Sva sredstva koja podupiru i pojačavaju moju želju za gubitkom težine dobro će doći. Sve je u okolini. AA (Anonimni alkoholičari), institucije za liječenje ovisnosti prekomjerne težine... svi oni upotrebljavaju moć društva za pomoć ljudima kada si oni ne mogu pomoći. Ako uporabimo svoju okolinu na ispravan način, možemo postići stvari koje se ne usuđujemo ni sanjati. A najbolje od svega je to što ne bismo ni osjećali da ulažemo neki prevelik napor kako bismo to postigli.

Braća po perju

U prvom poglavlju, govorili smo o principu »jednakosti forme«. Isti se princip upotrebljava i ovdje, no na fizičkoj razini. Slični se ljudi osjećaju ugodno kada su zajedno jer imaju iste želje i iste misli. Svi znamo da svaka ptica svome jatu leti. No mi možemo obrnuti taj proces. Birajući svoje jato, možemo odrediti vrstu ptica koja ćemo u konačnici postati.

Želja za duhovnošću nije iznimka. Ako želim duhovnost i želim povećati svoju želju za njom, trebam imati prave prijatelje, knjige i filmove oko sebe. Ljudska će priroda učiniti ostalo. Ako grupa ljudi donese odluku postati poput Stvoritelja, ništa im ne može stati na put, čak niti sam Stvoritelj. Kabalisti za to kažu »Moji Me sinovi pobijediše«.

Zašto onda ne vidimo navalu duhovnosti? Pa, postoji mala začkoljica: *ne možeš osjetiti duhovnost ako je već ne posjeduješ.* Problem je u tome što, ako ne osjetimo ili ne vidimo cilj, vrlo ga je teško uistinu željeti, a već smo uvidjeli da je vrlo teško išta postići ako nemamo veliku želju za tim.

Razmišljajte o tome na sljedeći način: sve što želimo u svom svijetu rezultat je nekog vanjskog utjecaja na nas. Ako volim pizzu, to je zato što su mi prijatelji, roditelji, TV, nešto ili koliko je dobra. Ako želim biti odvjetnik, to je zato što mi je društvo na neki način dalo utisak da se isplati biti odvjetnik.

No gdje u društvu mogu pronaći nekoga ili nešto što će mi reći da je super biti kao Stvoritelj? Štoviše, ako ne postoji takva želja u društvu, kako se ona odjednom pojavila u meni? Je li iskočila ni iz čega?

Ne, nije ni iz čega, nego iz *reshimot*. To je sjećanje o budućnosti. Objasnimo to. U četvrtom poglavlju rekli smo da su *reshimot* bilješke, sjećanja koja su zapisana u nama kada smo bili visoko gore na duhovnim ljestvama. Ti *reshimot* leže u našoj podsvijesti i izranjaju jedan po jedan; svaki budi nove i jače želje iz naših prijašnjih stanja.

Štoviše, zbog toga što se *svi mi* nalazimo na točki visoko gore na ljestvama, *svi* osjetimo buđenje želje za vraćanjem istim tim duhovnim stanjima kada dođe naše vrijeme da iskusimo duhovnu razinu želja. Zato su *reshimot* sjećanja na naša vlastita buduća stanja.

Stoga, pitanje ne bi trebalo biti: »Kako to da imam želju za nečim što mi okolina nije predstavila?« Umjesto toga, trebamo pitati: »Jednom kada dobijem tu želju, kako izvući najviše iz nje?« Odgovor je jednostavan: odnosi se prema tome kao što bi se odnosio prema bilo čemu drugom što želiš postići – razmišljaj o tome, pričaj o tome, čitaj o tome i pjevaj o tome. Čini sve što možeš kako bi to učinio važnim i tvoj će se napredak ubrzavati proporcionalno tome.

U *Zoharu* postoji inspirativna (i istinita) priča o mudracu zvanom Rabbi Yosi Ben Kisma, najvećem kabalistu svoga vremena. Jednog dana prišao mu je bogati trgovac iz drugog grada i ponudio mu je selidbu u drugi, bogatiji grad, kako bi započeo seminar za ljude žedne mudrosti. Trgovac je objasnio kako u njegovu gradu nema mudraca te da je gradu potreban duhovni učitelj. Ne treba ni reći da je rabi Yosiju jamčio velikodušno zadovoljenje svih njegovih osobnih i obrazovnih potreba.

Na veliko iznenađenje trgovca, rabi Yosi odlučno je odbio ponudu, govoreći kako nikada i ni pod kojim okolnostima ne bi mogao odseliti na mjesto gdje nema drugih mudraca. Zatečeni trgovac probao ga je razuvjeriti riječima kako je rabi Yosi najveći mudrac generacije te da on više ne treba ni od koga učiti.

»Uz to«, dodao je trgovac, »seleći se u naš grad i učeći naše ljude, činio bi veliku duhovnu uslugu, budući da ovdje već postoji velik broj mudraca, a u našem gradu nema niti jednoga. To bi bio značajan doprinos duhovnosti cijele generacije. Hoće li veliki Rabi barem razmisliti o mojoj ponudi?«

Na to, rabi Yosi odlučno dgovori: »Čak i najmudriji mudrac brzo postane nemudar kada se kreće među nemudrim ljudima.« Nije da rabi Yosi nije htio pomoći trgovčevim sugrađanima; on je jednostavno znao da bi, bez odgovarajuće, podržavajuće okoline, izgubio dvostruko – ne bi uspio u prosvjetljenju svojih učenika i izgubio bi svoju duhovnu razinu.

Nema anarhista

Prijašnji dio mogao vas je navesti na stav prema kabalistima kao o anarhistima koji su voljni ometati društveni poredak i poticati izgradnju duhovno orijentiranih društava. Ništa ne može biti dalje od istine.

Yehuda Ashlag objašnjava vrlo jasno; svaki sociolog i antropolog potvrdit će da su ljudi društvena bića. Drugim riječima, nemamo izbora nego živjeti u društvima jer smo izdanak jedne zajedničke duše. Stoga je jasno da se i mi trebamo prilagoditi pravilima društva u kojem živimo i brinuti za njegovo blagostanje. Jedini način da to postignemo jest vezati se uz pravila društva u kojem živimo.

No Ashlag također izjavljuje da u svakoj situaciji koja *nije* vezana za društvo, društvo nema pravo ili opravdanje za ograničavaje ili oduzimanje slobode pojedincu. Ashlag ide čak toliko daleko da one koji to čine naziva »kriminalcima«, izjavljujući da, što se tiče duhovnog napretka pojedinca, Priroda ne obvezuje pojedinca na poslušnost prema volji većine. Čak naprotiv, duhovni je rast osobna odgovornost svakoga od nas. Čineći tako, poboljšavamo ne samo svoje živote, nego i živote cijeloga svijeta.

Izuzetno je bitno shvatiti razliku između naših obaveza prema društvu u kojem živimo i prema osobnom duhovnom razvoju. Znajući gdje trebamo povući granicu i kako možemo doprinijeti u oba slučaja, oslobodit ćemo se velike zbunjenosti i krivih predodžbi o duhovnosti. U životu bi trebalo postojati jednostavno i izravno pravilo: u svakidašnjem životu slušamo pravila zakona; u duhovnom životu slobodni smo individualno se razvijati. Ispada da se osobna sloboda može steći samo kroz naš izbor u duhovnom razvoju, gdje se drugi ne smiju miješati.

Neizbježna smrt ega

> *Ljubav prema slobodi ljubav je prema drugima;*
> *ljubav prema moći ljubav je prema sebi.*
> – William Hazlitt (1778. – 1830.)

Razmotrimo još jednom osnove stvaranja. Jedina stvar koju je Stvoritelj stvorio naša je želja za primanjem, naš egoizam. To je naša bit. Ako naučimo kako »deaktivirati« svoj egoizam, obnovit ćemo svoju vezu sa Stvoriteljem jer ćemo, bez sebičnosti, ponovno ostvariti jednakost forme s Njim, kakva već postoji u duhovnim svjetovima. Obustavljanje egoizma početak je našeg uspona duhovnim ljestvama, početak procesa ispravljanja.

Ironični je humor Prirode u tome što ljudi koji teže sebičnim užicima ne mogu biti sretni. Za to postoje dva razloga: 1) kao što smo objasnili u prvom poglavlju, egoizam je kvaka-22: ako imaš ono što želiš, više to ne želiš. I 2) sebična želja ne uživa samo u zadovoljenju svojih hirova, već u nezadovoljstvu drugih.

Da bismo bolje razumjeli drugi razlog, trebamo se vratiti osnovama. Prva faza u četiri osnovne faze želi samo primati zadovoljstvo. Druga je faza već profinjenija i želi primati kroz davanje jer je davanje odlika Stvoriteljeva postojanja. Kada bi se naš razvoj zaustavio na prvoj fazi, bili bismo zadovoljeni u trenutku ispunjenja naših želja i ne bismo marili o onome što drugi imaju.

Međutim, druga faza – želja za davanjem – potiče nas da primjećujemo druge, kako bismo im mogli davati. No stoga što je naša temeljna želja ona za primanjem, sve što vidimo kada promatramo druge ljude je da »oni imaju svakakve stvari koje ja nemam«. Zbog druge faze, uvijek ćemo se uspoređivati s drugima, a zbog želje za primanjem u prvoj fazi, uvijek želimo biti iznad njih. Zato uživamo u tuđim nedostacima.

Usput, to je razlog zašto se u različitim zemljama crta siromaštva pomiče. Prema Websterovu rječniku, crta siromaštva je »razina osobnih i obiteljskih prihoda ispod koje se osoba označava kao siromašna prema državnom standardu«.

Kada bi svi oko mene bili siromašni kao ja, onda se ne bih osjećao siromašnim. Ali ako su svi oko mene bogati, a ja imam prosječne prihode, osjećao bih se kao najsiromašnija osoba na planetu Zemlji. Drugim riječima, naše norme određene su spletom prve faze (ono što želimo imati) i druge faze (određene onim što drugi imaju).

Zapravo, naša je želja za davanjem, koja je trebala biti jamstvo da će naš svijet biti dobro mjesto za život, pravi razlog za sva zla na ovome svijetu. To je bit naše iskvarenosti, pa je promjena namjere za primanjem u namjeru za davanjem sve što trebamo ispraviti.

Lijek

Niti jedna želja ili osobina nije po prirodi zla; način na koji ih koristimo čini ih takvima. Drevni kabalisti već su rekli: »Zavist, požuda, i (potraga za) časti izvode čovjeka iz svijeta«, odnosno iz našeg svijeta u duhovni svijet.

Kako? Već smo vidjeli da zavist vodi do natjecateljskog raspoloženja, a natjecanje stvara napredak. No zavist vodi do daleko viših rezultata od tehnoloških ili drugih zemaljskih blagodati. U *Uvodu u knjigu Zohar*, Ashlag piše da ljudi mogu osjetiti druge, zbog čega im nedostaje ono što drugi imaju. Kao rezultat toga, zavidni su i žele sve što drugi posjeduju, a što više posjeduju, to se praznijima osjećaju. Na kraju žele progutati cijeli svijet.

Konačno, zavist nas dovodi do toga da se ne možemo namiriti ni s čim manjim od Stvoritelja samoga. No tu se Prirodin humor još jednom poigrava s nama: Stvoritelj je želja za davanjem, altruizam. Iako nesvjesni toga, želeći preuzeti upravljačko mjesto i time postati Stvoritelji, mi zapravo žudimo postati altruisti. Stoga, kroz zavist – najzlokobniju i najštetniju osobinu ega – naš se egoizam sam usmrćuje, baš kao što rak uništava svog domaćina sve dok ne umre zajedno s tijelom koje je uništio.

I ovdje možemo vidjeti važnost izgradnje pravog društvenog okruženja jer, ako smo prisiljeni biti ljubomorni, trebali bismo barem biti *konstruktivno* ljubomorni, znači, ljubomorni na nešto što će nam donijeti ispravljanje.

 Kabalisti opisuju egoizam na sljedeći način: egoizam je poput čovjeka s mačem koji na svom vrhu ima kap čudesno slatkog, ali smrtonosnog napitka. Čovjek zna da je napitak otrovan, ali ne može si pomoći. On otvara svoja usta, stavlja vrh mača na svoj jezik i guta...

Pravedno i sretno društvo ne može se temeljiti na kontroliranoj ili »usmjerenoj« sebičnosti. Možemo pokušati silom zakona obuzdati egoizam, no to će djelovati sve dok se okolnosti ne pogoršaju, što smo imali prilike vidjeti i u Njemačkoj – demokratskoj zemlji, sve dok demokratski nije izabrala Adolfa Hitlera. Također možemo pokušati usmjeriti egoizam k blagostanju društva, što je već iskušano, i nesretno propalo, u Rusiji za vrijeme komunizma.

Čak ni Amerika, zemlja slobode i kapitalizma, ne uspijeva usrećiti svoje stanovništvo. Prema časopisu *New England Journal of Medicine*, »godišnje, više od 46 milijuna Amerikanaca u dobi od 15 do 54 godine, pati od depresivnih epizoda«. Također, časopis *Archives of General Psychiatry* objavljuje: »Upotreba snažnih antipsihotika za liječenje djece i adolescenata... povećala se više nego peterostruko između 1993. i 2002. godine« kao što je navedeno u izdanju *The New York Timesa* od 6. lipnja 2006. godine.

Zaključno, sve dok je egoizam na vlasti, društvo će, na ovaj ili onaj način, biti razočaravajuće i nepravedno prema svojim pripadnicima. Naposljetku će sva društva temeljena na egoizmu sama sebe iscrpiti zajedno s egoizmom koji ih je stvorio. Mi to samo trebamo izazvati što brže i lakše možemo, za dobrobit svih nas.

Lažna sloboda

Nedostatak osjećaja Stvoritelja kabalisti nazivaju »skrivenost Stvoriteljeva lica«. Ta skrivenost stvara iluziju slobodnog izbora između našeg svijeta i Stvoriteljeva (duhovnog) svijeta. Kada bismo mogli vidjeti Stvoritelja, kada bismo zaista mogli osjetiti dobrobiti altruizma, nedvojbeno bismo preferirali Njegov svijet u odnosu na naš jer Njegov je svijet svijet davanja i užitka.

No zato što *ne vidimo* Stvoritelja, ne slijedimo Njegova pravila, već ih, umjesto toga, stalno kršimo. Zapravo, čak i kada bismo znali Stvoriteljeva pravila, ali ne bismo vidjeli bol koju bismo, kršeći pravila, nanosili sebi, najvjerojatnije bismo ih i dalje kršili zato što bismo mislili da je puno zabavnije ostati egoističan.

Ranije u ovom poglavlju, u dijelu »Uzde života«, rekli smo da cijela Priroda slijedi samo jedan zakon: zakon užitka i boli. Drugim riječima, sve što činimo, mislimo i planiramo namijenjeno je ili smanjenju naše boli ili povećanju užitka. Mi nemamo slobodu u tome. Ali, zbog toga što ne vidimo da te sile upravljaju nama, *mislimo* da smo slobodni.

Skrivenost
Baruch Ashlag, sin Yehude Ashlaga i veliki kabalist, zapisao je u bilježnicu riječi koje je čuo od svoga oca. Bilježnica je poslije objavljena pod naslovom Shamati (Čuo sam). U jednoj od svojih bilježaka, napisao je da ako nas je Viša Sila stvorila, zašto je onda ne osjetimo? Zašto je skrivena? Kada bismo znali što želi od nas, ne bismo činili greške i ne bismo bili mučeni kaznom.

Kako bi jednostavan i radostan život bio kada bi Stvoritelj bio otkriven! Ne bismo sumnjali u Njegovo postojanje i svi bismo mogli prepoznati Njegovo vodstvo nad nama i nad cijelim svijetom. Znali bismo razlog i svrhu svog postojanja, vidjeli bismo Njegove reakcije na svoje djelovanje, komunicirali bismo s Njim i tražili bismo Njegov savjet prije svakog čina. Kako bi život bio lijep i jednostavan!

Ashlag završava svoje misli neminovnim zaključkom: naša bi jedina težnja u životu trebala biti otkrivanje Stvoritelja.

Međutim, da bismo zaista bili slobodni, najprije moramo biti oslobođeni uzda zakona užitka i boli. A kako naš ego određuje što je ugodno, a što bolno, vidimo da se da bismo bili slobodni, najprije moramo osloboditi svog ega.

Uvjeti za slobodan izbor

Ironično, istinska sloboda izbora moguća je samo ako je Stvoritelj skriven. Tomu je tako zato što ako nam se jedna mogućnost čini boljom, naš nam egoizam ne ostavlja drugi izbor nego odabrati tu mogućnost. U tom slučaju, čak i ako izaberemo dati, to će biti davanje u korist primanja, odnosno egoistično davanje. Da bi čin bio uistinu altruističan i duhovan, korist mora biti skrivena od nas.

Ako imamo na umu da je smisao stvaranja u konačnici biti oslobođen od egoizma, naša će djela uvijek biti usmjerena u pravom smjeru – prema Stvoritelju. Prema tome, ako imamo dvije mogućnosti i ne znamo koja bi nam od njih mogla donijeti više užitka (ili manje boli), tada imamo pravu priliku donijeti slobodan izbor.

Ako ego ne vidi poželjniji izbor, možemo birati prema drugačijem sustavu vrijednosti. Naprimjer, umjesto da se pitamo što bi nam bilo zabavnije, mogli bismo se zapitati što bi bilo više u skladu s davanjem. Ako je davanje nešto što držimo vrijednim, to će biti lako učiniti.

Možemo biti ili egoisti ili altruisti, misliti ili na sebe ili na druge. Druge mogućnosti ne postoje. Sloboda izbora moguća je jedino kada su obje mogućnosti jasno vidljive i jednako privlačne (ili neprivlačne). Ako mogu vidjeti samo jednu mogućnost, morat ću je izabrati. Stoga, da bih slobodno izabrao, trebam vidjeti vlastitu prirodu i prirodu Stvoritelja. Samo ako ne znam što donosi više užitka, mogu zaista donijeti slobodan izbor i neutralizirati svoj ego.

Ostvarenje slobodnoga izbora

Prvo načelo duhovnog rada je »vjera iznad razuma«. Zato, prije nego počnemo govoriti o ostvarenju slobodnog izbora, trebamo objasniti kabalistička značenja pojmova »vjere« i »razuma«.

Vjera

U gotovo svakoj religiji i sustavu vjerovanja na Zemlji, vjera se upotrebljava kao sredstvo nadoknade za ono što ne možemo vidjeti ili jasno percipirati. Drugim riječima, zato što ne možemo vidjeti Boga, moramo *vjerovati* u Njegovo postojanje. U tom slučaju, upotrebljavamo vjeru da bismo nadoknadili našu nemogućnost da vidimo Boga. To se naziva »slijepa vjera«.

No vjera se ne upotrebljava kao nadoknada samo u religiji, nego gotovo u svemu što činimo. Naprimjer, kako znamo da je Zemlja okrugla? Jesmo li ikada odletjeli u svemir da bismo provjerili? Vjerujemo znanstvenicima koji nam govore da je okrugla jer mislimo da su pouzdani ljudi kojima možemo vjerovati kada kažu da su to provjerili. Mi im vjerujemo; to je vjera. Slijepa vjera.

Zato, kad god i gdje god sami nešto ne vidimo, koristimo vjeru za dodavanje dijelova slike koji nedostaju. No to nije pouzdana informacija – to je samo slijepa vjera.

U kabali značenje vjere upravo je suprotno od onoga što smo prethodno opisali. Vjera je u kabali opipljiva, jasna, potpuna, neslomljiva, neporeciva percepcija Stvoritelja – vladavine zakona života. Stoga je jedini način stjecanja vjere u Stvoritelja postati u potpunosti poput Njega. Inače, kako bismo drukčije, bez imalo sumnje, znali tko je On ili postoji li On uopće?

Razum

Websterov rječnik sadrži dvije definicije pojma »razum«. Prva je definicija »uzrok«, ali druga je ona koja nas zapravo zanima. Razum, prema Websterovom rječniku, ima tri značenja:

1. Moć razumijevanja, donošenja zaključaka i razmišljanja, osobito na uređen i razuman način.
2. Pravilna primjena uma.
3. Skup intelektualnih moći.

Websterov rječnik kao sinonime (među ostalima) nudi sljedeće mogućnosti: inteligencija, um, logika.

Sada pročitajmo nekoliko pronicljivih riječi koje je kabalist Baruch Ashlag napisao u pismu učeniku, objašnjavajući »zapovjedni lanac« stvaranja. To će razjasniti zašto trebamo ići *iznad* razuma.

»Volja za primanjem stvorena je zato što je svrha stvaranja bila činiti dobro Njegovim stvorenjima pa zbog toga mora postojati posuda za primanje užitka. Ipak, nemoguće je osjetiti užitak ako ne postoji potreba za užitkom, zato što se bez potrebe užitak ne može osjetiti.

Ta je volja za primanjem sve što je Stvoritelj stvorio od čovjeka (Adam). Kada kažemo da će čovjeku biti dan vječni užitak, mislimo na volju za primanjem, koja će primiti sav užitak koji joj Stvoritelj namjerava dati.

Volji za primanjem dane su sluge da je služe. Kroz njh ćemo primiti užitak. Sluge su ruke, noge, vid, sluh itd. Svi se oni smatraju slugama pojedinca. Drugim riječima, volja za primanjem je gospodar, a organi su njezini sluge.

A kako obično biva, sluge imaju svoga nadzornika koji pazi na sluge, vodeći računa da rade u željenu svrhu donošenja užitka jer to je ono što gospodar – volja za primanjem – želi.

I ako je jedan od sluga odsutan i zadovoljstvo koje je uz njega vezano također je odsutno. Naprimjer, ako je osoba gluha, neće biti sposobna uživati u glazbi. A ako osoba ne može osjetiti miris, neće biti u mogućnosti osjetiti miris parfema.

Ali ako osobi nedostaje mozak (nadzornik sluga), koji je kao poslovođa koji nadgleda radnike, sav posao propada, a vlasnik trpi gubitke. Ako osoba ima posao s puno zaposlenika, ali joj nedostaje dobar rukovoditelj, mogla bi izgubiti umjesto zaraditi.

No čak i bez rukovoditelja (razuma), gazda je (volja za primanjem) još prisutan. Pa čak i ako rukovoditelj umre, gazda još uvijek živi. Oni su nepovezani.«

Ispada da ako želimo nadvladati volju za primanjem i postati altruisti, prvo moramo nadići njezina »šefa osoblja« – vlastiti razum. Prema tome, »vjera iznad razuma« znači da bi vjera – postati isti poput Stvoritelja – trebala biti iznad (bitnija nego) razuma – našeg egoizma.

Način dolaženja do toga je dvostruk: na osobnoj razini, to je grupa za učenje i krug prijatelja koji će pomoći u stvaranju društvene okoline koja ističe duhovne vrijednosti. Na kolektivnoj razini, potrebno je da cijelo društvo nauči cijeniti altruistične kvalitete.

Ukratko

Sve što činimo u životu određeno je prema načelu užitka i boli: bježimo od boli i jurimo za užitkom. I što manje trebamo raditi za užitak, tim bolje.

Načelom užitka i boli upravlja volja za primanjem i ona ima kontrolu nad svime što činimo jer to je naša bit. Stoga, dok mislimo da smo slobodna bića, zapravo smo okovani dvjema uzdama života, užitkom i boli, koje egoizam drži u svojim rukama.

Četiri čimbenika određuju tko smo: 1) osnova, 2) nepromjenjiva svojstva osnove, 3) svojstva koja se mijenjaju pod utjecajem vanjskih sila i 4) promjene u vanjskoj okolini. Mi možemo utjecati samo na posljednji čimbenik, mada taj čimbenik utječe na ostale čimbenike.

Stoga, jedini način na koji možemo izabrati tko ćemo biti jest izborom posljednjeg čimbenika i time nadgledati i mijenjati svoje vanjsko okruženje. Zbog toga što promjene u posljednjem čimbeniku mijenjaju sve druge čimbenike, njegovim mijenjanjem promijenit ćemo i sebe same. Ako se želimo osloboditi egoizma, trebamo promijeniti vanjsko okruženje u ono koje podržava altruizam, ne egoizam.

Jednom kada se oslobodimo volje za primanjem, okova egoizma, možemo napredovati u duhovnom smislu. Da bismo to učinili, slijedimo načelo »vjere iznad razuma«.

»Vjera« u kabali, znači potpuna spoznaja Stvoritelja. Vjeru možemo steći izjednačavanjem s Njim u našim osobinama, u našim željama, namjerama i mislima. Pojam »razum« odnosi se na naš um, »predradnika« našeg egoizma. Da bismo ga nadišli, moramo jednakost forme sa Stvoriteljem učiniti vrednijom i dragocjenijom od bilo kojeg egoističnog užitka.

Na osobnoj razni, mi uvećavamo važnost Stvoritelja (altruizma) koristeći knjige (ili druga sredstva), prijatelje i učitelja koji nam pokazuje koliko je važno biti altruističan. Na društvenoj razini, pokušavamo prigrliti altruistične vrijednosti u društvu.

Međutim, i ovo je ključno za uspješnost promjene, altruističnim vrijednostima *ne bismo* trebali težiti samo da bismo svoje živote želimo učinili ugodnijima u ovom svijetu. To bi *trebalo* biti učinjeno radi izjednačavanja nas i društva s Prirodom, odnosno s jedinim zakonom stvarnosti – zakonom altruizma – Stvoriteljem.

Kada se smjestimo u takvo okruženje, kao pojedinci i kao društvo, naše će se vrijednosti postupno mijenjati u skladu sa svojstvima tog okruženja i na taj način promijeniti naš egoizam u altruizam na prirodan, jednostavan i ugodan način.

O Bnei Baruch

Bnei Baruch neprofitna je organizacija koja širi mudrost kabale kako bi ubrzala duhovni razvoj čovječanstva. Kabalist Rav Michael Laitman, dr.sc., učenik i osobni asistent rabija Barucha Ashlaga, sina rava Yehude Ashlaga (autora Sulam komentara na *Zohar*), slijedi korake svoga mentora vodeći grupu prema njezinoj misiji. Laitmanova znanstvena metoda pruža pojedincima svih vjera, religija i kultura precizan alat neophodan za stupanje na zadivljujuć put samootkrivenja i duhovnog uzleta. S fokusom usmjerenim prvenstveno na unutarnje procese koje pojedinci prolaze vlastitim koracima, Bnei Baruch poziva ljude svih dobi i životnih stilova da se uključe u ovaj nagrađujući proces.

Posljednjih godina, svijet proživljava masovnu potragu za odgovorima na životna pitanja. Društvo je izgubilo sposobnost pogleda na stvarnost kakva uistinu jest, a na njezinu mjestu pojavili su se plitki i često obmanjujući koncepti. Bnei Baruch stupa u kontakt sa svima koji traže više od uobičajene svjesnosti, s ljudima koji teže razumijevanju istinskog smisla našega postojanja. Bnei Baruch nudi praktičnu poduku i pouzdanu metodu za razumijevanje fenomena svijeta. Autentična metoda podučavanja, ostavština Yehude Ashlaga, ne samo da pomaže u nadvladavanju kušnji i patnji svakodnevnog života već i pokreće proces u kojem se pojedinci šire izvan uobičajenih granica i ograničenja današnjeg svijeta.

Rav Yehuda Ashlag ostavio je metodu učenja namijenjenu ovoj generaciji, koja u svojoj biti »trenira« pojedince da se ponašaju na način kao da su ovdje, u našem svijetu, već postigli savršenstvo viših svjetova. Riječima rava Yehude Ashlaga: »Ova je metoda praktični put za dosezanje Višeg Svijeta, izvora našeg postojanja, još za ovoga života. Kabalist je istraživač koji proučava vlastitu prirodu korištenjem dokazane, tijekom vremena provjerene i precizne metode. Ovom metodom pojedinac postiže savršenstvo i kontrolu nad vlastitim životom. Na taj način, pronalazimo istinski smisao u životu. Kao što osoba ne može funkcionirati na pravilan način u ovom svijetu bez njegova poznavanja, tako i duša ne može funkcionirati na pravilan način u Višem Svijetu bez njegova poznavanja. Mudrost kabale pruža vam to znanje.«

KONTAKT ZA HRVATSKU:
bbcroatia@gmail.com
www.kabbalah.info/croatian

O autoru

Rav dr. sc. Michael Laitman međunarodno je priznat autoritet za izvornu kabalu. Njegova biografija vrlo je neuobičajena za nekoga poznatoga po duhovnosti: znanstveno je obrazovan, ima titulu magistra biokibernetike i stvarao je uspješnu znanstvenu karijeru, okrećući se kabali kako bi produbio svoja znanstvena istraživanja. Doktorirao je filozofiju i kabalu na moskovskom Institutu za filozofiju Ruske akademije znanosti.

Kabalu je započeo proučavati 1976. godine i nastavio sve do današnjih dana. Tražeći nove pravce u kabali 1979. godine nailazi na kabalista rabina Barucha Shaloma HaLevia Ashlaga (1906-1991), prvorođenca i nasljednika kabalista rabina Yehude Leiba HaLevia Ashlaga (1884-1954), poznatog kao Baal HaSulam zbog svojega *Sulam* (hebr. ljestve) – komentara na Knjigu Zohar. Michael Laitman bio je toliko impresioniran Baal HaSulamovim sinom, da mu je postao najbliži šegrt i osobni asistent, provodeći glavninu svojega vremena u društvu svog poštovanog mentora i upijajući koliko god je mogao iz njegovih učenja.

Danas ga smatraju najvećim autoritetom za kabalu. Autor je trideset knjiga o kabali koje su prevedene na deset jezika. Njegove lekcije uživo emitiraju se svakodnevno na kablovskoj televiziji i internetu diljem svijeta.

Posljednjih godina, postao je traženi predavač u akademskim krugovima Sjedinjenih Američkih Država i Europe.

Dr. Laitman osnivač je i predsjednik Instituta za podučavanje i istraživanje kabale – Bnei Baruch, koji upravlja najvećom i najsadržajnijom internetskom stranicom na temu kabale, www.kabbalah.info. Stranica omogućuje neograničen pristup kabalističkim tekstovima, video i audio sadržajima na preko dvadeset jezika, s 1,4 milijuna posjeta mjesečno.

Od 2000. godine Encyclopedia Britannica kabbalah.info navodi kao jednu od najvećih internetskih stranica po broju posjetitelja i količini edukacijskog i informativnog materijala o znanosti kabale.

Prof Ervin Laszlo

Prof. Ervin Laszlo, koji je bio ljubazan napisati uvod za ovu knjigu, utemeljitelj je i najistaknutiji predstavnik filozofije sustava i opće teorije evolucije.

Rođen u Budimpešti 1932. godine, Laszlo je debitirao kao koncertni pijanist s petnaest godina u New Yorku, o čemu su izvještavale novine Life, Time i Newsweek, kao i mediji izvan SAD-a.

Prof. Laszlo okrenuo se znanosti i filozofiji u svojim dvadesetim godinama, da bi 1963. započeo objavljivati članke i knjige. Godine 1970. brani državni doktorat, najviši stupanj na pariškom sveučilištu Sorbonni. Poslije su mu dodijeljeni počasni doktorati u Sjedinjenim Američkim Državama, Kanadi, Finskoj, Rusiji i Mađarskoj.

Kao priznanje njegovu sveobuhvatnom razumijevanju i razvoju, 2001. godine primio je nagradu Goi, mirovnu nagradu Japana. Napisao je sedamdeset dvije knjige, koje su do sada prevedene na osamnaest jezika.

www.ingramcontent.com/pod-product-compliance
Lightning Source LLC
Chambersburg PA
CBHW020911080526
44589CB00011B/535